Les techniques de critique d'une décision « définitive »

Imprécision sémantique et pérennité des décisions de justice en procédure civile

Droit privé et sciences criminelles

Collection dirigée par Yves Strickler

Créée fin 2011 par Yves Strickler et le Centre d'études et de recherches en droit privé (devenu le Centre d'études et de recherches en droit des procédures en 2013) de la Faculté de Droit et Science politique de Nice, la présente collection a pour vocation principale de publier des ouvrages en liaison avec le thème retenu pour dénomination de la collection. Cette dernière rassemble des recherches originales, tirées notamment de travaux de recherche, de manifestations scientifiques ainsi que d'ouvrages collectifs sur les interrogations actuelles que rencontre la science juridique, spécialement dans le domaine du droit privé et des sciences criminelles.

Dernières parutions

Le concept d'arbitrage. Regards croisés entre droit et sport (dir. Camille Leroy et Loïc Yboud), 2017, 221 pp.
Procédure civile et nouvelles technologies, par Delphine de Lorgeril, 2017, 161 pp.
Mélanges en l'honneur du Doyen Roger Bernardini, Parcours pénal, 2017, 313 pp.
Victor Hugo et les magistrats, par Marcel Foulon, 2016, 198 pp.
Variations juridiques et sociologiques - Regards experts sur les grandes mutations du droit (dir. Marc Dalloz), 2016, 141 pp.
De la mobilisation du fait à la réalisation du droit (dir. Maxime Lei et Loïc Yboud), 2016, 225 pp.
Les enjeux patrimoniaux de la séparation - Questions récurrentes (dir. Laetitia Antonini-Cochin), 2016, 112 pp.
Les aspects procéduraux du dessaisissement, par Benjamin Ferrari, 2016, 192 pp.
Le droit et les sentiments (dir. Laurie Bolleri-Schenique et Delphine Lanzara), 2015, 219 pp.
L'erreur judiciaire : Apprendre à douter pour lutter contre les erreurs judiciaires (dir. Xavier Pin), 2015, 119 pp.
Fonctionnaires et droit pénal. Des justiciables comme les autres ? (dir. Marc Dalloz et Christine Courtin), 2015, 226 pp.
L'expertise non judiciaire à l'aune des droits fondamentaux, par Thibault Goujon-Bethan, 2015, 196 pp.

Tennessee CAEN

Les techniques de critique d'une décision « définitive »

Imprécision sémantique et pérennité des décisions de justice en procédure civile

L'Harmattan

5-7, rue de l'École-Polytechnique, 75005 Paris
http://www.editions-harmattan.fr
ISBN : 978-2-343-14335-4
EAN : 9782343143354

Sommaire

TABLE DES ABRÉVIATIONS

actu.	Actualisation
BJE	Bulletin Joly Entreprises en difficulté
Bull. ass. plén.	Bulletin de l'Assemblée plénière de la Cour de cassation
Bull. ch. mixte	Bulletin de la Chambre mixte de la Cour de cassation
Bull. civ.	Bulletin d'une chambre civile de la Cour de cassation
c.	Contre
Cass. ass. plén.	Assemblée plénière de la Cour de cassation
Cass. civ. 1	Première chambre civile de la Cour de cassation
Cass. civ. 2	Deuxième chambre civile de la Cour de cassation
Cass. civ. 3	Troisième chambre civile de la Cour de cassation
Cass. com.	Chambre commerciale de la Cour de cassation
Cass. ch. mixte	Chambre mixte de la Cour de cassation
CE	Conseil d'État
CEDH	Cour européenne des droits de l'Homme
CJA	Code de justice administrative
CJCE	Cour de justice des communautés européennes
COJ	Code de l'organisation judiciaire
coll.	Collection
Cons. const.	Conseil constitutionnel
CPC	Code de procédure civile
D.	Recueil Dalloz
et alii.	Et autres auteurs
éd.	Édition
Gaz. Pal.	La Gazette du Palais
obs.	Observation
op. cit.	Ouvrage précité
PA	Petites Affiches
préc.	Article, observation, jurisprudence précité(e)
Rép. civ.	Répertoire civil
Rép. proc. civile	Répertoire de procédure civile
Rép. proc. pénale	Répertoire de procédure pénale
RGDP	Revue générale des procédures
RTD civ.	Revue trimestrielle de droit civil
s.	Suivant(s)
TI	Tribunal d'instance
V°	Voir mot

INTRODUCTION

1 - Origine du questionnement. Intituler une réflexion académique « les techniques de critique d'une décision “définitive” » peut apparaître comme une démarche quelque peu iconoclaste. Iconoclaste tout d'abord en faisant appel à la notion générale de critique d'une décision, en lieu et place de la notion textuellement délimitée de voies de recours. Iconoclaste ensuite en ce que cette interrogation invoque la terminologie controversée et mal définie de *décision définitive*. Iconoclaste enfin, puisque le libellé d'un tel questionnement, en liant l'exercice de techniques de critique particulières à une classe déterminée de décisions de justice, semble reconnaître l'existence d'une catégorie autonome de procédures tendant à une fin commune, catégorie qui existerait en dehors de tout fondement textuel établissant leur corrélation. Le simple constat du caractère transgressif de l'intitulé de notre axe de recherche est lourd de signification. Il implique, si notre théorie se vérifie, que le droit tel qu'il est contenu dans le Code de procédure civile ne reflète pas l'état du droit positif. Cela sous-entend tout d'abord l'existence de techniques juridiques tendant à remettre en cause la pérennité d'une décision de justice qui ne constitueraient pas des voies de recours au sens du titre XVI du Code de procédure civile. Un tel axiome apparaît en confrontation directe avec l'article 460 du même code qui dispose que « la nullité d'un jugement ne peut être demandée que par les voies de recours prévues par la loi ». Deuxièmement, il existerait des décisions qui puissent être considérées comme définitives en dépit des contradictions sémantiques inhérentes à ce terme. Troisièmement, le caractère définitif de ces décisions, faute de consécration législative, serait à déduire de la possibilité de ne les critiquer que par le biais de techniques juridiques strictement délimitées et encadrées.

Il apparaît ainsi que le domaine peu défini des décisions définitives et de leur pérennité est susceptible d'abriter le fondement d'une réflexion sur la valeur intrinsèque de la chose jugée, ainsi que d'une interrogation sur la structure même des voies de recours. Cette question de procédure civile mérite en conséquence développement. En dépit des difficultés qu'elle peut poser en pratique, la question de la définition de la décision définitive n'a que rarement fait l'objet d'appropriation par la doctrine, tandis que la jurisprudence en fait un emploi pour le moins sibyllin. Faute de délimitation communément admise d'une notion pourtant fondamentale, nul exercice de théorisation de son influence sur le domaine du recours n'a eu lieu à ce jour. Ce désintérêt s'explique aisément, d'une part par le caractère vain que peut présenter l'essai de définition d'une notion que la jurisprudence s'est toujours refusée à clarifier, et d'autre part du fait de l'aspect exceptionnel de la matière : par essence, la critique d'une décision définitive n'est pas un principe d'usage courant, mais une possibilité parcimonieusement ménagée pour répondre à des objectifs tout à fait particuliers. Une recherche en la matière nous semble néanmoins justifiée. Il y a en premier lieu un intérêt théorique indéniable pour le processualiste à circonscrire enfin le domaine de la décision définitive, et celui-ci dépasse la simple satisfaction intellectuelle attachée à l'énonciation claire de ce qui se conçoit bien. Il s'agit également de rattraper un hiatus qui existe entre la matière civile et la matière pénale dans la définition des concepts. La procédure civile apparaît en effet comme la parente pauvre, en la matière, de la procédure pénale. Le jugement répressif n'est considéré comme définitif qu'à épuisement des voies de recours ou du délai d'exercice de celles-ci[1], considération rendue aisée par le caractère normalement suspensif des voies de recours en matière pénale. Ainsi, le Code pénal, en apparence, manie sans ambiguïté la notion de décision définitive, à laquelle il n'hésite pas à associer des effets particuliers[2]. Le jugement pénal définitif est cependant susceptible de recours, par l'exercice des demandes en révision ou en réexamen prévues par les articles 622 à 626 du Code de procédure pénale. Il n'y a en conséquence pas de contradiction, aux yeux du législateur, entre l'affirmation du caractère définitif d'un jugement et la persistance d'une possibilité de critiquer cette décision. Ceci confirme la pertinence de la recherche d'une catégorie de techniques de critique de nature à remettre en cause une décision définitive, à condition que le voile d'ambiguïté entourant cette notion en procédure civile puisse être levé.

---

[1] Léna M., *Jugement*, Rép. proc. pénale Dalloz, oct. 2008, actu. oct. 2013, n° 183.

[2] Par exemple, l'article 113-5 du Code pénal au sujet de la complicité sur le territoire français d'une infraction commise à l'étranger fait état de la « décision définitive » des juridictions étrangères. La notion de jugement définitif est ici d'une telle clarté qu'elle peut même être transposée dans l'analyse du droit étranger.

Les intérêts pratiques d'une telle recherche sont ici mis en évidence. S'il existe des décisions définitives et des possibilités de tenir ce caractère immuable en échec, il est nécessairement des causes précises de nature à justifier une telle atteinte à la notion même d'indéfinité. Si ces causes existent, il nous semble essentiel de les rechercher et de les rassembler, eu égard à leur effet destructeur sur la pérennité d'une décision de justice, et partant, sur l'essence même de l'office du juge. La réflexion se situe à la confluence entre le théoriquement possible, l'effectivement réalisable et le simplement souhaitable. Il ne s'agit pas pour nous de contester les choix faits par le législateur dans la détermination des circonstances justifiant l'atteinte à la chose définitivement jugée, mais plutôt de les identifier, de les classer, de les expliquer pour permettre une appréhension globale des enjeux de la matière. Il n'est pas non plus notre intention de donner naissance à une catégorie *sui generis* de recours tendant à critiquer une décision définitive, mais de démontrer son existence dans l'ordre juridique actuel pour examiner ensuite tant ses forces que ses faiblesses, au regard notamment des droits fondamentaux dont l'influence en procédure ne fait que croître. Il apparaît, finalement, que les choix relatifs à la pérennité d'une décision de justice ne sont pas à la seule discrétion du législateur, mais doivent se conformer à des orientations supérieures. L'évaluation de cette conformité impose que l'état des lieux d'un domaine éclaté soit effectué, et il nous semble que tel est l'objectif essentiel auquel le présent ouvrage doit concourir.

2 - Direction du raisonnement. Confrontés à l'indéfinition d'une matière dont la structure même porte à confusions, nous proposons de procéder à une analyse déductive. Nous tenterons préalablement de circonscrire la notion de décision définitive en nous fondant sur les paradigmes actuels. Cette première définition, nécessairement insatisfaisante du fait de l'incompatibilité entre ces paradigmes et le droit tel qu'il se pratique, permettra néanmoins de déterminer l'objectif vers lequel tendre, et d'esquisser ce à quoi correspond la décision définitive en droit civil. La recherche s'effectuera au travers des notions-cadre reconnues pour l'heure par la législation ou la pratique, à savoir jugement définitif au sens de l'article 480 du Code de procédure civile, jugement ayant autorité de la chose jugée, jugement passé en force de chose jugée, jugement irrévocable. Toutefois, cette recherche devra inévitablement excéder ces notions, après avoir démontré leur insuffisance. Il conviendra alors de mettre cette catégorie de décisions définitives en balance avec une notion, également définie, de critique. Au regard des attributs d'une décision de justice et notamment de la force de chose jugée, il apparaît que peuvent s'exercer contre un jugement des techniques processuelles tendant à porter atteinte à ce qui a été prononcé par la juridiction qui ne sont pas considérées par le Code de procédure civile comme des voies de recours au sens strict. La confrontation des attributs de la critique avec ceux de la décision dite définitive permet d'identifier *a priori* les techniques de critique composant la catégorie que nous distinguons. S'y trouvent sans surprise deux des voies de recours extraordinaires définies par le Code de procédure civile, à savoir le recours en révision et la tierce-opposition. Correspondront également à nos critères les pourvois du procureur général près la Cour de cassation prévus par la loi du 3 juillet 1967[3], la requête en rectification des erreurs matérielles ainsi que la requête en complément ou en retranchement, qui ne constituent pas des voies de recours au sens du législateur. Des techniques plus marginales d'origine jurisprudentielle viendront en outre compléter la catégorie : nous envisagerons la technique du rabat d'arrêt ainsi que les recours-nullité autonomes ou restaurés.

Les limites du raisonnement étant établies, nous pourrons procéder à l'analyse déductive. Il s'agira d'analyser chacun des recours retenus pour vérifier que celui-ci implique la potentialité de critique d'un jugement dit définitif, sur la base d'un faisceau d'indices, aussi bien tirés de la définition préalable du jugement définitif que des similarités des techniques de critique entre elles. La cause de chacun des recours devra être étudiée afin de comprendre la grande disparité des techniques de critique, et de vérifier si celle-ci ne fait pas obstacle à la caractérisation de principes communs à chacune d'elles. Par ailleurs, la convergence entre les techniques de critique retenues devra également être vérifiée au regard de leurs effets communs et de la conformité de ces effets aux droits fondamentaux, vérification qui nous semble contenir la seule clef de la potentialité d'un régime commun. Après une ultime comparaison, celle des modalités d'action procédurale des différents recours, nous pourrons conclure à l'existence ou l'inexistence d'un système unique de recours contre une décision dite définitive. C'est de la caractérisation d'un tel système que pourra enfin éclore une définition technique de la décision définitive, dont nous pourrons tirer

[3] Loi n° 67-523 du 3 juil. 1967.

les conséquences qui s'imposent. Si la catégorie autonome de procédures de nature à remettre en cause une décision revêtue d'un caractère d'indéfinité existe, il serait probablement judicieux d'amender l'ordre juridique afin de mieux en définir le principe et les limites, et ce dans l'intérêt manifeste du justiciable à comprendre la valeur de la décision de justice qui lui est opposable.

3 - Problématique. L'appréhension d'une diversité de méthodes exceptionnelles de critique des décisions de justice ne peut se dispenser d'une définition des axes structurants de la réflexion transversale. Le regroupement de procédures éparses que nous avons opéré a pour particularité d'assimiler les techniques de critique d'une décision au regard de leur conséquence commune, à savoir l'altération de la substance d'une décision de justice qui aurait dû demeurer définitive. Ces recours apparaissent partant comme des procédures anomales, qui contreviennent au cours prévisible et souhaitable de la résolution d'une contestation. Il convient dès lors de s'interroger sur l'origine et la nature des anomalies procédurales justifiant l'aménagement par le législateur ou la jurisprudence de porter atteinte à la valeur du jugement. Il serait erroné d'analyser la question sous l'angle d'une quelconque forme de morale, le cœur de l'interrogation se situant dans une analyse d'une proportionnalité, entre la gravité d'un défaut affectant la fonction juridictionnelle, sa réparation, et le respect de la chose jugée. La chose jugée est ici le repère fondamental de l'analyse. Il s'agit d'un principe élémentaire afférent à la sécurité juridique. Introduite par le Code de procédure civile en ses articles 480 et suivants ainsi que son article 500, consacrée par la jurisprudence de la Cour européenne des droits de l'Homme[4], la chose jugée est un attribut essentiel du jugement dont le respect doit être garanti. La question doit également s'analyser au regard du droit d'accès au juge, qui en la matière présente la singularité de pouvoir s'interpréter à la fois en faveur du respect de la chose jugée, étant de jurisprudence acquise que le droit d'accès au juge se prolonge jusqu'à l'exécution de la décision judiciaire[5], mais également comme fondement de la correction d'une irrégularité qui justifierait de remettre en cause une affaire définitivement jugée.

---

[4] CEDH, *Brumarescu c. Roumanie*, 28 oct. 1999, n° 28342/95.

[5] CEDH, *Hornsby c. Grèce,* 19 mars 1997, n° 18357/91.

Notre questionnement devra s'inscrire dans le cadre d'une théorie et d'une pratique du droit semblant s'être orientées vers la casuistique afin de concilier l'opposition d'intérêts divergents. Il conviendra d'apprécier le rôle du législateur dans cette dispersion de la norme. Ce rôle, qui nous semble en retrait, caractérisé par une absence de retouche apportée aux voies de recours textuellement prévues entrant dans le cadre de la présente étude depuis la parution du Code de procédure civile de 1975. La fonction normative a été investie par le juge, ainsi la matière est marquée par des créations prétoriennes, ce qui peut donner lieu à des interrogations supplémentaires au sujet des droits fondamentaux du justiciable. Avant de mener à bien une analyse par le prisme des droits fondamentaux, la fragmentation des sources de droit appellera la recherche de généralités de nature à éclairer la pertinence et la cohérence du corpus de techniques de critique envisagées, au-delà de leur simple effet caractéristique d'affaiblissement de la vigueur attachée à la chose jugée. Un tel cadre ne pourra se révéler que, d'une part, par le biais de la comparaison de mécanismes aux fondements théoriques distincts, et, d'autre part, dans la recherche d'éléments de nature à caractériser un système convergent, dans le cas où un tel système serait perceptible. Une ultime interrogation résidera alors dans la recherche prospective, si le besoin en émerge de l'analyse préalable, de mécanismes de nature à assurer une meilleure conformité de la norme avec les standards auxquels celle-ci doit se conformer.

4 - Division. À la lumière de ces interrogations, le respect d'un protocole précis d'organisation de notre réflexion s'avère indispensable. Il nous apparaît que cette démarche peut s'énoncer selon les simples termes de Rabelais introduisant son roman *Gargantua* : « rompre l'os, et sugcer la substantificque moelle ». « Rompre l'os » consistera pour nous en une décomposition de la notion de jugement définitif tout d'abord, de la notion de critique d'une décision ensuite, de la nature et de la cause de chacune des techniques de critique étudiées enfin, et ce dans la visée d'une présentation de la matière et de ses enjeux. Une telle démonstration tendra à mettre en évidence les paradoxes et antagonismes de la question, afin d'éviter toute conclusion hâtive, fondée sur des faux-semblants qui ignoreraient la réalité qu'est l'absence de théorie générale de la critique d'une décision dite définitive (**Chapitre I**). Loin de constituer un constat d'échec, d'impossibilité de relever toute transversalité entre les différentes techniques de critique d'une décision définitive, c'est de cette décomposition que pourra être extraite la « substantificque moelle », la convergence d'un régime au regard d'effets communs dans l'ordre juridique, qui permettra *in fine* de résoudre les difficultés initiales de circonscription des paradigmes pour expliciter le régime général sous-tendant la critique d'une décision dite définitive (**Chapitre II**).

CHAPITRE I : L'IMPOSSIBLE THÉORIE GÉNÉRALE

5 - Division. La réflexion sur les méthodes de critique d'une décision dite définitive rencontre très vite deux écueils de taille, qui conduisent à l'affirmation, d'une part, de l'inexistence d'une théorie générale de cette critique, et d'autre part, de l'impossibilité d'en établir une. Le premier de ces écueils est la difficulté à établir le pourtour du domaine étudié, les quelques certitudes à son sujet n'occultant pas de nombreuses imprécisions. Ces imprécisions imposent une circonscription du domaine par le prisme de partis pris qui peuvent donner lieu à débat (Section 1). La seconde difficulté pourrait être désignée, en empruntant un terme à la science économique, comme l'atomicité de ces méthodes de critique. Ces différents procédés constituent en effet un panel de recours de natures, d'objectifs et de conditions aussi variés que les intérêts qu'ils visent à défendre. De cette diversité résultera une première classification (Section 2), utile pour répondre à la question centrale de cette partie : « pourquoi ? ».

Section 1. La difficile circonscription des techniques de critique

6 - Division. Approcher d'une définition la plus exacte possible de ce que recouvre la critique d'une décision dite définitive relève à première vue d'une démarche théorique, pré-requis indispensable à l'élaboration d'une réflexion portant sur cette critique. L'intérêt est en réalité pratique, car ce n'est qu'une fois acquise la conscience des limites d'une telle définition qu'il est possible d'en tirer les conséquences sur l'absence de théorie générale de nature à unir cette diversité de techniques juridiques. La grande mouvance des concepts fondant le titre même de cette étude nécessitera de les arrêter selon des critères qui méritent réflexion (§ 1er), tandis que des contours plus perceptibles, quoique très éclatés, permettront de déterminer le corps des principes de droit positif sur lequel appliquer ces concepts (§ 2).

§ 1er. Les contours incertains de la critique

7 - Division. Évoquer la critique d'une décision de justice dite définitive suppose d'avoir établi deux préalables : l'existence de décisions de justice civile qui puissent être qualifiées de définitives d'abord, et l'existence de techniques juridiques permettant de porter atteinte à cette apparente immuabilité ensuite. La simple énonciation de ce constat fondamental fait apparaître de manière flagrante un hiatus portant sur la pertinence de l'emploi de la qualification de « définitifs » pour des jugements susceptibles d'anéantissement (A), tandis qu'une réflexion sur la nature théorique des méthodes propres à donner lieu à cet anéantissement nous paraît salutaire pour la compréhension des enjeux (B).

A. L'ambiguë notion de décision définitive

8 - Intérêt théorique. C'est à dessein que nous avons choisi d'employer dans l'intitulé du présent ouvrage la notion, controversée en procédure civile, de décision définitive. Celle-ci présente tout d'abord un intérêt sémantique : appartenant au langage courant, elle dégage un imaginaire fort et commun à tous. Nul ne peut concevoir le caractère définitif d'une chose sans envisager que celle-ci soit immuable, permanente, insusceptible de toute modification de son état. Il s'agit d'un concept fort satisfaisant à manier pour l'intellect, du fait de son apparence simplicité et universalité, c'est pourquoi moult esprits juridiques ont tenté de la déployer en procédure civile. Savoir utiliser la notion de jugement définitif présenterait non seulement un intérêt pour le chercheur, faiseur de catégories, mais s'avérerait également utile pour le praticien, qui peut être confronté aux problèmes de pérennité des décisions de justice. Cependant, c'est surtout le profane qui bénéficierait de l'emploi d'un terme émanant d'un registre de langage accessible, aux implications aisées à concevoir, afin de mieux comprendre la valeur d'une décision dont il se prévaut ou qui lui est opposée. Il serait, pour l'ensemble de ces acteurs, très seyant de pouvoir estampiller une décision comme définitive, sortie sans retour possible du jeu de la procédure, insusceptible de toute contestation, prête à produire l'ensemble de ses effets sans que nul ne puisse y faire obstacle. Considérer une décision comme définitive reviendrait à marquer intellectuellement le point où le litige prend fin, et a trouvé son ultime solution.

L'emploi du terme de « jugement définitif » est davantage pertinent devant les juridictions répressives, où le caractère suspensif d'exécution des recours permet d'opérer une confusion entre autorité de la chose jugée, force exécutoire et irrévocabilité[6]. Alors que la première réside en la présomption de régularité et de validité du jugement qui est acquise dès que celui-ci est rendu, la seconde ne s'acquiert que lorsque le jugement n'est plus susceptible de recours suspensif ou a été assorti d'une exécution provisoire[7], tandis que la troisième est réputée acquise lorsque le jugement est devenu insusceptible de toute voie de recours, une réalité qui fait débat[8]. Cela étant, même une décision pénale d'apparence définitive, fût-elle particulièrement ancienne, peut, dans des cas précis, se voir remise en cause par une voie de recours telle que la révision prévue par le Code de procédure pénale. Cet exemple permet de souligner le double écueil qui rend la notion de décision définitive difficile à justifier en procédure civile : d'une part, à l'inverse de la procédure pénale, les effets du jugement ne sont pas acquis simultanément, et d'autre part, d'une manière générale, puisque même le jugement pénal n'en est pas à l'abri,

[6] Cadiet L., Normand J., Amrani-Mekki S., *Théorie générale du procès*, coll. Thémis, 1ère éd., 2010, PUF, n° 268, et voir *supra*, n° 1.

[7] Guinchard S., Chainais C., Ferrand F., *Procédure civile*, Précis Dalloz, 32e éd., 2014, n° 1101.

[8] Voir *infra*, n° 10.

l'immuabilité absolue d'une décision de justice est inexistante et il apparaît contestable de la qualifier techniquement. Science humaine, la procédure judiciaire a conscience de son caractère intrinsèquement faillible, et a ménagé des procédures de correction en toutes étapes de son cheminement. L'obstacle le plus problématique à l'emploi du terme réside en réalité ailleurs, dans la longue tradition d'usage hasardeux qui l'affecte et qui a achevé de le couvrir de malentendus[9].

Que faire alors de la commode notion de jugement définitif ? Faut-il admettre de l'écarter au motif de son équivoque, et se garder d'expliquer au justiciable qu'une décision puisse un jour le devenir ? Il nous semble que la préservation de la confiance du citoyen en la justice exige de permettre l'emploi d'une telle notion, et ce en dépit de son inexactitude immanente, afin de désigner le corps des décisions de justice donnant une apparence d'immuabilité, ce que nous pourrons considérer comme la conception subjective du jugement définitif. Cette conception se fonde sur l'espérance légitime que peut susciter un jugement de constituer le dernier acte du litige, l'étude des procédures de nature à remettre en cause cette espérance prenant alors tout son sens. Cet emploi de la notion dans son sens conceptuel s'oppose *a contrario* à toute velléité d'utiliser le terme comme une définition technique, qui serait alors inévitablement faussée.

9 - Errements de la pratique. Diverses difficultés sont posées par l'utilisation de la notion par la pratique, et qui sont de nature à en altérer le sens. Loi, jurisprudence, doctrine se sont saisies du terme de « décision définitive » pour lui trouver non pas un, mais des sens, de manières si confuses et si contradictoires que le terme semble pour jamais condamné à l'équivoque. Sous l'empire du Code de procédure civile de 1806, était considéré comme définitif le jugement qui avait pour effet de trancher une contestation, ne serait-ce que partiellement[10]. Le jugement définitif peut donc être entendu au sens très large de jugement se prononçant sur le fond du droit, tranchant un incident ou statuant sur une nullité, une définition qui recouvre désormais celle de l'autorité de la chose jugée faite par l'article 480 du Code de procédure civile de 1975. Il est encore une pratique fréquente d'assimiler

---

[9] Foulon M. et Strickler Y., « Du jugement définitif », Gaz. Pal. 23 déc. 2014 n° 357.
[10] *Ibidem.*

jugement définitif et autorité de la chose jugée, il relève par exemple du « cœur de l'office du juge » de rendre des décisions à titre définitif selon certains auteurs[11], tandis que d'autres énoncent que sont définitives toutes décisions « sauf celles qui ne dessaisissent pas le juge »[12]. Cette conception du caractère définitif d'une décision relève d'une indéniable logique, puisqu'elle se construit dans l'opposition avec les décisions dites provisoires[13], mais elle apparaît insatisfaisante, car ces décisions n'empêchent aucunement la poursuite du procès. Il nous semble alors illusoire, et de nature à induire des confusions regrettables dans l'esprit des acteurs à la procédure, de les qualifier de décisions définitives. Ainsi, rechercher si une décision tranche une contestation ne semble pas adéquat pour la qualifier de définitive. Il convient mieux de rechercher si la décision met fin à l'examen de cette contestation, en en proscrivant le réexamen. Nous proposons alors une première distinction entre cette conception de la décision définitive fondée sur le rapport entre le jugement et la résolution de la contestation même, et une seconde conception fondée sur l'effet du jugement sur le cours processuel suivi par la contestation.

C'est vers cette dernière vision que va s'orienter premièrement la Cour de cassation, et ce, de manière progressive puisqu'elle commence par assimiler le jugement définitif à celui passé en force de chose jugée[14], avant de considérer comme définitive une décision irrévocable[15]. Un surprenant revirement de jurisprudence a néanmoins conduit à revenir à une identité entre jugement définitif et jugement ayant autorité de chose jugée[16]. Le législateur ne semble pas moins confus[17], tandis que juges constitutionnels et supra-nationaux tendent à s'orienter vers la définition processuelle des décisions définitives :

---

[11] Guinchard S. et alii., *Procédure civile*, op. cit., n° 1125.

[12] Cadiet L. et alii., *Théorie générale du procès*, op. cit., n° 268.

[13] Quoique la pertinence de la notion de décision provisoire soit en elle-même sujette à débat… Voir à ce sujet : Strickler Y., *Le juge des référés, juge du provisoire*, thèse Strasbourg, 1993.

[14] Cass. civ. 2, 29 janv. 1992, n° 90-17.243, Bull. civ. II, n° 40.

[15] Cass. com., 13 mai 2003, n° 00-12.481, inédit.

[16] Cass. civ. 2, 4 juil. 2007, n° 06-14.610, Bull. civ. II, n° 181.

[17] Pour le détail des emplois contradictoires de la notion de jugement définitif dans les différents textes législatifs afférents à la procédure civile : Foulon M. et Strickler Y., *Du jugement définitif*, préc.

la jurisprudence de la Cour de justice des communautés européennes[18] tout comme celle de la Cour européenne des droits de l'Homme[19] et du Conseil constitutionnel[20], semblent les définir comme des décisions irrévocables. De cette grande confusion ressort l'idée selon laquelle l'emploi de la notion de jugement définitif dans toute définition technique n'est que de nature à générer des incompréhensions, et devrait être évité. Il convient alors de vérifier la nature des décisions que l'idée recouvre.

10 - Nature des décisions. Si notre étude prend le parti de se fonder sur la notion subjective de décisions dites définitives, cela ne la dispense pas, à peine d'être dépourvue de socle stable d'analyse, de devoir clarifier la nature des décisions qu'elle intègre dans cet ensemble. La conception de la décision définitive centrée sur la résolution de la contestation ne sied évidemment pas. En effet, d'une part l'espérance légitime de clôture du litige à laquelle ces décisions peuvent donner lieu est d'une part faible, et d'autre part l'étude des diverses voies de recours de nature à permettre la critique d'une décision jouissant de la seule autorité de la chose jugée ne justifie guère le présent propos. Le jugement définitif sera partant entendu ici dans son sens processuel, il s'agira en l'occurrence uniquement du jugement dont les parties peuvent fortement et légitimement croire en l'immuabilité. C'est de cette espérance que va naître le caractère particulier des méthodes de critique étudiées : s'il n'est pas interdit de porter atteinte à un jugement que les parties pouvaient croire définitif, cette atteinte ne peut procéder que du fait de la survenance d'un élément qui soit de nature à anéantir les conditions dans lesquelles les parties ont pu se forger cette espérance. Le caractère définitif du jugement est un attribut qui transforme la possibilité de critiquer un jugement d'un principe en une exception. Il convient donc d'effectuer le lien avec un

---

[18] CJCE, *Köbler*, 30 sept. 2003, n° 224/01 : mentionne les « décisions juridictionnelles devenues définitives par apurement des voies de recours disponibles ».

[19] CEDH, *Brumarescu c. Roumanie*, 28 oct. 1999, préc. : position plus confuse, puisqu'elle semble assimiler décision irrévocable et décision passée en force de chose jugée, décidant qu'« en l'absence de recours, le jugement devint définitif et irrévocable, ne pouvant plus être attaqué par voie de recours ordinaire ». Néanmoins, les effets mentionnés dans l'arrêt sont ceux de l'irrévocabilité.

[20] Cons. const., 2 juin 2014, n° 2014-398 QPC, commentaire Foulon et Strickler, préc.

qualificatif juridique reconnu pour circonscrire le corps des décisions qui jouissent de cet attribut.

La notion d'irrévocabilité du jugement est la première à paraître topique. Son emploi ne peut pourtant pas être fait sans lever plusieurs difficultés. La notion est, premièrement, tout aussi équivoque que celle de décision définitive : elle est tout d'abord entendue comme la définition du jugement qui n'est plus susceptible de voies de recours, ordinaires ou extraordinaires [21]. Cette vision très restrictive de l'irrévocabilité ne correspond pas au principe que nous cherchons, puisqu'elle correspond à un stade supérieur de l'évolution du litige, celui de l'insusceptibilité de toute critique à l'exception de celles, marginales, ne relevant pas de la voie de recours, à l'instar des requêtes en rectification ou des pourvois du procureur général près la Cour de cassation[22]. Sa caractéristique est d'être illusoire, du fait de la nature et des conditions d'exercice des méthodes de critique faisant l'objet de cet ouvrage, la clôture de toute voie de recours extraordinaire n'apparaît que comme un état théorique[23]. C'est ainsi qu'il a été proposé de distinguer entre l'irrévocabilité absolue et une irrévocabilité relative, dont l'épuisement de certaines voies de recours serait écarté des conditions d'accession[24]. Cette dernière vision pourrait constituer le principe recherché, mais elle se fonde sur une acception détournée de la définition de l'irrévocabilité, et il pourrait être dans un deuxième temps reproché à la notion d'irrévocabilité ainsi entendue d'être encore plus trompeuse sur le contenu désigné que ne l'est la notion de décision définitive. En effet, s'il est possible d'envisager que le jugement définitif soit entendu au sens subjectif, l'analyse semble difficilement transposable à la notion d'irrévocabilité. Peut-on affirmer en conscience qu'une décision est irrévocable quand bien même elle peut encore faire l'objet des méthodes de critique étudiées présentement ?

---

[21] Karila de Van J. et Gerbay N., *Chose jugée*, Rép. civ. Dalloz, avr. 2008, actu. févr. 2017, n° 58.

[22] Bouty C., *Chose jugée*, Rép. proc. civile Dalloz, juin 2012, actu. avr. 2016, n° 100.

[23] Julien P. et Fricero N., *Droit judiciaire privé*, manuel, 4e éd., 2011, LGDJ, n° 375.

[24] Bouty C., *Chose jugée*, préc., n° 104 et s.

Une seconde notion pertinente se détache : le critère de la force de chose jugée. Celle-ci se définit par un renforcement de la présomption de validité et de régularité du jugement dès lors que celui-ci n'est plus susceptible de recours suspensif[25], présomption s'inscrivant dans la lignée de l'espérance légitime du justiciable à l'immuabilité du jugement dit définitif. Assimiler la décision dite définitive dont la critique fait l'objet de la présente étude à la décision passée en force de chose jugée fait d'autant plus sens que la nécessité de sa préservation fonde le régime des voies de recours dites extraordinaires, qui constituent une part importante des recours étudiés, dont la possibilité de la remettre en cause est un trait commun. Le critère de la force de chose jugée détenue par les décisions critiquées semble ainsi le plus adapté, couvrant d'un concept juridiquement indiscutable la perception subjective de la décision définitive. Une réserve subsiste : selon cette définition, le pourvoi en cassation constitue une méthode de critique d'un jugement qui serait dit définitif, or il n'est pas du propos de cet ouvrage de décrire cette voie de recours dite extraordinaire qui ne s'inscrit pas moins dans un cours fort fréquent des procès et dont la possibilité d'exercice amoindrit l'espérance légitime d'immuabilité. Nous retiendrons la force de chose jugée acquise par le jugement qu'elles permettent de critiquer comme critère de sélection des voies de recours étudiées dans cette étude, tout en en excluant le pourvoi en cassation, à l'exception des pourvois attitrés du procureur général près la Cour de cassation, car les hypothèses traditionnelles de pourvoi en cassation ne permettent pas au justiciable d'acquérir une l'espérance légitime et subjective d'immuabilité de la décision définitive, seule qualification qui s'avère pertinente face aux catégorisations inextricablement insatisfaisantes.

11 - Conséquences. Le critère de la décision passée en force jugée est à la fois nécessaire et insuffisant. Il est nécessaire dans la mesure où, constituant leur plus grand trait commun, il est le seul moyen pertinent pour identifier et isoler les méthodes retenues : chacune a pour caractéristique de permettre de remettre en cause des jugements passés en force de chose jugée. Il demeure néanmoins insuffisant car il ne peut couvrir l'intégralité du périmètre des recours qu'il a permis de sélectionner. Ainsi, si la portée de certains, à l'instar du recours en révision, se superpose de manière stricte avec la notion de jugement

[25] Guinchard S. et alii., *Procédure civile*, n° 1101.

passé en force de chose jugée, d'autres, et notamment la tierce-opposition, permettent non seulement de critiquer ces jugements passés en force de chose jugée, mais ouvrent également une possibilité de recourir contre des décisions qui ne sont pas parées d'une telle force. Quelle attitude adopter alors, dans l'étude de ces procédures ? Devions-nous nous borner à les analyser dans leurs aspects qui ne concernent qu'exclusivement la critique des jugements dits définitifs, omettant toute précision au sujet de ce qui ne correspondrait pas à ce cadre ? Il nous est apparu qu'il aurait été inopportun de traiter les recours étudiés d'une manière parcellaire, donc, incidemment, lacunaire. La compréhension des mécanismes sous-jacents à ces voies de recours exige de les présenter dans leur globalité, car, il convient encore de le souligner, ce sont les extrêmes divergences entre leurs objectifs qui permettent d'appréhender les importantes différences entre leurs régimes. Les recours envisagés seront partant étudiés dans tous leurs aspects, y compris ceux permettant de remettre en cause une décision qui n'aurait pas acquis la force de chose jugée, en opérant une distinction entre méthodes de critique applicables strictement aux décisions passées en force de chose jugée, et celles qui leur sont applicables de manière non-exclusive. Une seconde conséquence de la sélection du critère de la force de chose jugée est que celle-ci permet de lever le voile sur une autre classification actuellement problématique et qu'il conviendra d'envisager avant de poursuivre cette étude portant sur la critique de décisions judiciaires : il s'agit de la délicate catégorisation des voies de recours.

B. L'insatisfaisante classification des voies de recours

12 - Typologie en vigueur. Les différentes techniques de critique qui peuvent être exercées contre un jugement civil en France font l'objet d'une classification *a minima* par le Code de procédure civile. Celui-ci isole tout d'abord dans un titre spécifique, le titre XVI du livre premier, celles qu'il institue comme « voies de recours ». Des sous-titres procèdent à une séparation entre voies de recours ordinaires et voies extraordinaires, et listent comme composantes de chaque catégorie respective l'appel et l'opposition d'une part, la tierce-opposition, le recours en révision et le pourvoi en cassation de l'autre. Cette étude portant sur les différentes méthodes visant à remettre en cause les effets de jugements d'une catégorie particulière, à savoir ceux passés en force de chose jugée, il nous semble pertinent d'en consacrer un développement au commentaire de cette typologie, afin de vérifier les applications de son imperfection sur la pluralité du régime étudié.

Il convient en premier lieu de rechercher les critères qui ont pu être jugés pertinents par le législateur pour procéder aux choix qu'il a effectué.

La distinction opérée par le texte séparant les voies de recours ordinaires des voies de recours extraordinaires procède d'une typologie relativement vague et contestable, fondée sur l'axiome d'une différence entre des voies de recours relevant du déroulement normal d'une action et celles relevant de l'exception. Cette dichotomie nous semble quelque peu arbitraire. Elle est en réalité éminemment contestable, ne résistant pas à l'étude factuelle des conditions de mise en œuvre de chacune de ces voies de recours[26]. Comment pouvoir en effet qualifier le pourvoi en cassation de voie de recours plus exceptionnelle que l'appel, alors que la possibilité de former un pourvoi souffre de moins de restrictions que celle d'interjeter appel, à l'exemple de l'absence de taux du ressort ? Comment admettre encore que le pourvoi en cassation soit considéré comme une voie de recours plus exceptionnelle que l'opposition, alors que cette dernière ne s'adresse qu'au cas particulier du jugement rendu par défaut, tandis que le pourvoi en cassation est une procédure bien plus utilisée[27] par les plaideurs, pour qui le pourvoi s'est normalisé comme une ultime chance d'obtenir un réexamen de la solution apportée à leur litige ? Inversement, opposition et tierce-opposition, qui procèdent de la même logique de correction du jugement rendu en l'absence d'une partie qui avait une cause à y faire valoir, se trouvent séparées dans des catégories différentes. Le fondement idéologique de la distinction ne semble ainsi plus adapté à l'usage contemporain des voies de recours.

La distinction en vigueur ne peut se justifier que parce qu'elle correspond à deux réalités. La première se révèle dans l'exercice possible des seules voies de recours extraordinaires contre une décision passée en force de chose jugée. C'est ainsi que ce critère, dont

---

[26] Cadiet L. et alii., *Théorie générale du procès*, op. cit., n° 275.

[27] Plus de vingt-mille affaires en 2016, selon les statistiques annuelles disponibles sur le site Internet de la Cour de cassation.

l'insuffisance pour une bonne catégorisation des voies de recours a été établie[28], se retrouve comme arbitre déterminant de la notion de voie de recours ordinaire, situation quelque peu paradoxale. La deuxième réalité déterminante résulte de la constatation de trois traits communs aux voies de recours extraordinaires. Celles-ci ne seraient tout d'abord ouvertes que dans des cas spécifiés, et non à tous les plaideurs, fermées tant que sont ouvertes des voies de recours ordinaires ensuite, non-suspensives de l'exécution enfin[29]. La nuance de ces affirmations s'impose. En effet, plusieurs exemples contraires viennent empêcher de la tenir pour principe d'ordre général, ainsi, l'exercice de la tierce-opposition n'est pas soumis à la clôture des voies de recours ordinaires[30], tandis qu'il est difficile d'affirmer que le pourvoi en cassation n'est pas ouvert à tous les plaideurs. Quant au caractère suspensif supposément commun aux voies de recours ordinaires, force est de constater que les jugements sont souvent assortis d'une obligation d'exécution provisoire de nature à paralyser cet effet de l'appel[31].

La typologie des voies de recours employée par le législateur lui-même dénote par le manque criant d'homogénéité des régimes au sein même des catégories qu'elle établit. Une telle variété permet déjà d'envisager le grand éclatement des modalités des techniques de critique des décisions dites définitives qui seront envisagées. Il convient tout d'abord de tenter de rechercher si une typologie plus satisfaisante peut permettre une rationalisation de la matière.

13 - Techniques en marge. Le Code de procédure civile ne liste que cinq procédés de nature à critiquer une décision de justice au titre de voies de recours : l'appel, l'opposition, le pourvoi en cassation, le recours en révision et la tierce-opposition. Préalablement à toute tentative de recherche d'une typologie plus satisfaisante des voies de recours, il est utile de rechercher pourquoi l'ensemble des techniques de critique d'une décision de justice n'ont pas joui d'une élévation textuelle au titre de voie de recours. Les méthodes retenues au titre de voies de recours, au sens du titre XVI du Code de procédure civile, présentent la conséquence commune d'aboutir à un anéantissement de

---

[28] Voir *supra*, n° 10.

[29] Guinchard S. et alii., *Procédure civile*, op. cit., n° 1268.

[30] Voir *infra*, n° 63 et s.

[31] Cadiet L. et alii., *Théorie générale du procès*, op. cit., n° 275.

la décision critiquée, ou pour le moins des chefs déférés, lorsque le juge statuant sur recours fait droit au moyen de critique avancé. Ainsi, il semble que l'élément déterminant de l'attribution du statut de voie de recours par la loi soit celui de l'anéantissement, établissant implicitement un principe selon lequel sans anéantissement, pas de recours[32]. L'universalité de l'anéantissement de la décision attaquée comme effet des voies de recours telles que définies par le texte peut néanmoins être débattue, à l'épreuve de situations ambiguës résultant de l'exercice de certaines de ces voies. Nous visons ici la particularité de la tierce-opposition, qui ne remet le jugement en question que relativement à son auteur, aux termes de l'article 582 du Code de procédure civile, article dont la rédaction se garde d'employer le terme d'anéantissement. Il s'agit en réalité du prononcé d'une sanction tout à fait particulière, l'inopposabilité des chefs du jugement attaqué à l'égard du tiers critique, qui est une caractéristique fondamentale des jugements rendus sur tierce-opposition. Une limitation supplémentaire à la remise en cause au profit du tiers est la circonscription, par le jeu de l'article 591 du Code de procédure civile, de l'inopposabilité aux seuls chefs qui lui sont préjudiciables. Une exception notable à ce régime protecteur des parties se trouve dans le cadre de la tierce opposition à effet dit absolu, qui consiste en réalité à un anéantissement des chefs critiqués. Ce principe se déduit de la lecture combinée de l'article 591 du Code de procédure civile avec l'article 584 du même code, le premier disposant que la tierce-opposition produit ses effets à l'égard des seules parties appelées, tandis que le second dispose qu'en matière indivisible, l'ensemble des parties doit l'être. L'invisibilité mentionnée par l'article 584 peut résulter d'une prescription légale[33] ou de la pratique jurisprudentielle[34], lorsque la spécificité matière ne peut permettre raisonnablement d'exécuter un jugement qui aurait été privé de ses effets à l'égard d'un tiers.

Il est ensuite notable qu'un ouvrage de référence à destination des professionnels puisse s'affranchir de cette conception légale de la voie de recours et qualifier comme telles des méthodes tendant à la critique

---

[32] Bouty C., *Chose jugée*, préc., n° 100.
[33] Fricero N., *Tierce-opposition*, Rép. proc. civile Dalloz, juin 2012, actu. avr. 2016, n° 202.
[34] *Ibidem*, n° 203.

d'un jugement qui n'aboutissent pas à son anéantissement, à l'instar des requêtes en interprétation, omission de statuer ou prononcé de choses non-demandées, voire de la requête en interprétation au contenu critique pourtant nul[35]. Une telle assimilation peut sembler regrettable au regard tant de la lettre du texte, qui ne contient nulle mention du terme de « recours » au sujet de ces techniques juridiques, que de son esprit, qui se refuse à établir une théorie générale de la voie de recours. C'est là que réside en réalité l'intérêt d'un tel raccourci, qui laisse entrevoir la possibilité d'une telle théorie générale. Ainsi, la pertinence du critère de l'anéantissement, qui semble guider la définition de ce qu'est une voie de recours, peut être remise en question, et une définition du recours fondée sur l'intention critique pourrait être envisagée. La tentative d'établissement d'une typologie des voies de recours se heurte alors à la problématique subséquente : une intégration des techniques de critique d'un jugement laissées en marge de la définition légale des voies de recours, dans une classification desdites voies, est-elle souhaitable ? La réponse à y apporter est fonction de l'objectif poursuivi par l'établissement d'une telle typologie, il nous semble ainsi que si celle-ci porte l'ambition de rechercher une théorie générale du recours, il est alors préférable de s'affranchir des définitions textuelles en vigueur, frappées de la marque de l'imperfection. Une voie de recours pourrait alors être définie comme tout mécanisme tendant à obtenir du juge la correction, ou l'anéantissement absolu ou relatif, d'une décision de justice ou de ses effets. Dans un tel cas, les requêtes en rectification ou des mécanismes jurisprudentiels tels la technique rabat d'arrêt pourraient être incorporées dans une classification des voies de recours. Cette conception ne sera néanmoins employée que dans le cadre de la recherche d'une classification des voies de recours et non dans l'ensemble de cet ouvrage, afin de poursuivre la rédaction de celui-ci sous les auspices de notions d'admission générale et non-équivoque.

14 - Typologie envisageable. La recherche d'une nouvelle approche de la classification des voies de recours n'a d'intérêt général que si elle permet d'aboutir à une typologie qui parvienne à regrouper des techniques juridiques suffisamment comparables pour former des ensembles homogènes en esprit comme en pratique, et n'a d'intérêt

---

[35] Guinchard S., *Droit et pratique de la procédure civile*, Dalloz Action, 9e éd., 2016, titre 52.

spécifique à cet ouvrage que si la nouvelle grille de lecture ainsi dégagée permet de mettre en valeur davantage de caractéristiques communes aux recours étudiés.

Plusieurs méthodes de classification fondées sur des distinctions techniques peuvent être proposées. Une première distinction pourrait être de sorte effectuée entre les voies de recours conditionnant l'accession à l'irrévocabilité relative du jugement et celles dont l'effet est indifférent. En dépit des critiques que peut susciter la théorie de l'irrévocabilité relative[36], celle-ci présente l'intérêt de permettre une séparation des voies de recours d'une manière moins arbitraire que celle effectuée par le législateur. L'appel[37], l'opposition[38] et le pourvoi en cassation[39] seraient ainsi séparés du recours en révision[40] et de la tierce-opposition[41], auxquels s'adjoindraient dans la conception extensive de la voie de recours les requêtes en rectification[42] et le rabat d'arrêt[43]. Cette présentation permet une réflexion sur l'existence de deux formes d'incidence de la voie de recours sur la décision qu'elle menace, une incidence proche et certaine de voies de recours assimilables à des « conditions suspensives »[44] à l'irrévocabilité du jugement, s'opposant à l'incidence lointaine et éventuelle de voies de recours au caractère plus particulier. Cette hypothèse est instructive sur les effets respectifs des diverses voies de recours étudiées dans cet ouvrage, mais ne peut être considérée comme pleinement satisfaisante, ne permettant pas de résoudre l'amalgame entre procédures de natures, utilisation et logiques différentes, à l'instar de l'appel et de l'opposition, qui subsistent dans la même catégorie, à laquelle est ajoutée le pourvoi en cassation dont la cohérence avec l'opposition est plus que lâche. Une solution différente peut être recherchée.

---

[36] Voir *supra*, n° 10.
[37] Bouty C., *Chose jugée*, préc., n° 106.
[38] *Ibidem*, n° 107.
[39] *Ibidem*, n° 109.
[40] *Ibidem*, n° 115.
[41] *Ibidem*, n° 120.
[42] *Ibidem*, n° 116.
[43] *Ibidem*, n° 118.
[44] *Ibidem*, n° 108.

La seconde typologie d'ordre technique pouvant être proposée est celle conduisant à distinguer entre les voies de recours tendant à faire rétracter la décision attaquée et celles visant à obtenir sa réformation. Cette méthode conduirait à isoler l'opposition, le recours en révision et de la tierce-opposition d'une part, de l'appel, du pourvoi en cassation et de certains cas de tierce-opposition[45] de l'autre. L'inconvénient flagrant d'une telle typologie est son incapacité à envisager la tierce-opposition de façon unitaire, ce qui ne l'empêche pas de présenter des intérêts indéniables : elle distingue les voies ayant trait à l'anéantissement total du jugement pour des motifs de faits ou de droit de celles tendant à obtenir un réexamen de l'affaire du fait de l'imperfection de la première appréciation qui en a été faite, imperfection pouvant être due à l'absence d'une partie ayant une cause à faire valoir, ou à la découverte d'un élément de nature à modifier l'appréciation de la juridiction. Cette typologie s'accommode d'une conception large des voies de recours, les requêtes en rectification et la technique du rabat d'arrêt pouvant être assimilées à la catégorie de la rétractation, tout en renforçant le caractère de perfectionnement du jugement attaché à celle-ci. La logique de cette technique de théorisation des voies de recours peut être prolongée par une assimilation de l'intégralité des cas de tierce-opposition aux voies de rétractation, donnant naissance à une catégorie que l'on saurait qualifier de voies de perfectionnement, ou voies de critique circonstancielle, qui s'opposerait à celle des voies de critique substantielle. La classification par l'esprit des recours étudiés rejoint alors celle effectuée selon leurs caractéristiques techniques.

Il suffit alors d'inverser la démarche, et de débuter par la recherche de l'esprit afin d'aboutir à la technique, pour arriver à la proposition de typologie faite par le Doyen Jacques Héron, résidant sur une division entre voies de recours normales et voies de recours particulières[46]. S'inscrivant dans un cours traditionnel de la procédure, les premières donneraient lieu à un nouvel examen des prétentions par un nouveau juge, tandis que les secondes, au caractère exceptionnel, ne seraient pas marquées par des problèmes d'impartialité. Cette construction apparaît comme la plus judicieuse des alternatives qui puissent être proposées à la typologie légale, quoiqu'elle n'en résout pas tous les problèmes,

[45] Voir *infra*, n° 19.

[46] Cadiet L. et alii., *Théorie générale du procès*, op. cit., n° 275.

conduisant à la contenance par une même catégorie de techniques de critique aux mécanismes remarquablement distincts, notamment au regard de la possibilité d'exercice contre des décisions passées en force de chose jugée. Il n'est hélas, en matière de recours, nulle catégorisation parfaite possible, chacune de ces techniques de critique semblant avoir été établie de manière opportuniste dans l'objectif de résoudre une difficulté précise, sans réelle cohérence d'ensemble. Nous retiendrons alors la variété de typologies alternatives établies, jugeant bénéfique sa capacité d'explication des grandes lignes de contraste de la manière, mais nous garderons d'en faire usage lorsque la terne mais efficace classification législative permet davantage d'expliquer des convergences ou divergences de régimes de droit positif. La stabilité toute relative des concepts sur lesquels se fonde la critique d'une décision dite définitive incite toutefois à la recherche de points d'ancrage plus factuels à notre réflexion.

§ 2. Les contours certains de la critique

15 - Division. L'existence d'imprécisions dans les définitions théoriques n'est pas sans conséquences sur l'analyse des dispositions en vigueur puisqu'elle en affecte le pourtour même, et pourrait faire craindre l'impossibilité de pourvoir la matière étudiée d'un socle stable. Faute de pouvoir affirmer avec certitude ce que couvrent ces recours, il est possible d'écarter ce qu'ils ne sont pas, et de faire apparaître ainsi une délimitation *a minima* de leur assiette d'exercice. Cette démarche donne lieu au développement d'une analyse comparative des natures respectives des différentes voies de recours pouvant être exercées (A) et des décisions susceptibles de ces recours (B).

A. Les natures variées des techniques de critique

16 - Terminologie - Classification. L'utilisation de l'expression indéfinie de « critique d'un jugement » en lieu et place de la plus habituelle notion de voies de recours dans l'intitulé de cet ouvrage n'est pas anodine. Il nous apparaît en effet que la remise en cause d'une décision passée en force de chose jugée peut procéder de mécanismes qui n'obéissent pas nécessairement à la conception restrictive des voies de recours. Une première divergence conceptuelle se dessine alors, et met en lumière le caractère excessivement protéiforme des méthodes critique d'une décision faisant l'objet de la présente étude. Force est de constater qu'il n'existe aucun terme universellement consacré par la communauté processualiste pour les désigner dans leur globalité ! Dans la suite de cet ouvrage, nous emploierons abondamment et indifféremment les termes généralisants de « voies », « techniques » ou « méthodes de critique », plus simplement « matière examinée » ou encore « recours étudiés », étant entendu dans ce dernier cas que la notion de recours est prise au sens large et non de la définition classique des voies de recours.

L'objectif de cette commodité rédactionnelle n'est en aucun cas d'entretenir une ambiguïté sur les différentes techniques juridiques que nous intégrons dans la terminologie de critique d'une décision passée en force de chose jugée, au contraire, nous avons à cœur d'apporter des éclaircissements à cette matière mal définie. Le présent développement va ainsi permettre de les présenter de manière exhaustive, en suivant une classification purement technique, fondée sur la nature des procédés juridiques employés par chacune des méthodes pour critiquer la décision déférée. Cette classification présente deux mérites : en faisant tout d'abord appel à des notions bien connues et incontestables, elle induit d'une part un regroupement des recours étudiés dans des catégories aux régimes juridiques éprouvés, et permet par ailleurs de constater l'éclatement de la matière dans ces régimes distincts, ce qui révèle un commencement d'explication à l'extrême disparité entre chacune de ces méthodes. Il nous apparaît que les régimes se distinguant sont les suivants : la purge du jugement de premier degré, les voies de rétractation, les voies de réformation, le pourvoi et, de manière contestée, la nullité.

17 - Purge du jugement de premier degré. Les premières méthodes de critique d'une décision dite définitive ne sont pas, selon la disposition du Code de procédure civile, des voies de recours. Elles figurent en effet dans le titre XIV du livre premier de ce code, consacré au jugement, et non dans le titre XVI du même livre, spécifiquement dédié aux voies de recours. Loin de constituer une anomalie, cette mise à l'écart s'explique par la raison d'être même de ces procédures : celles-ci permettent de purger un jugement[47] de vices mineurs qui l'affectent sans imposer aux parties l'exercice bien plus contraignant d'une voie de recours. Il est alors légitime de s'interroger sur la fonction de ces

[47] Guinchard S., Chainais C., Ferrand F., *Procédure civile*, op. cit., n° 792.

dispositions. Constituent-elles des voies de critique d'un jugement, méritant alors d'être étudiées comme telles, ou des simples voies de perfection de celui-ci, dont elles ne représenteraient qu'un accessoire sans conséquences sur sa pérennité ? Il est établi qu'elles ne peuvent en aucun cas, faute d'en provoquer l'anéantissement, être assimilées à des voies de recours contre un jugement[48]. Toutefois, la qualification ou non de voie de recours, fondée sur la notion d'anéantissement, ne saurait constituer un critère pertinent pour établir le pourtour de la critique d'un jugement : à défaut, la procédure au caractère critique flagrant qu'est le pourvoi dans l'intérêt de la loi ne serait pas non plus considéré comme une méthode de critique. En outre, quoique ces requêtes ne concourent pas à obtenir une modification substantielle de la décision qu'elles critiquent - ce qui n'est d'ailleurs pas certain dans les cas d'*ultra* ou d'*infra petita* - il ne peut être nié qu'elles aboutissent à une modification de la lettre du jugement, qui ne saurait être éludée. Il nous semble toutefois vain de tenter d'effectuer la délimitation de la notion de critique par l'analyse objective des effets de ces méthodes.

La subtilité de la question relative à une telle détermination nous paraît plutôt résider dans l'appréciation de l'intention des parties, selon une méthode subjective. En demandant le réexamen d'une décision contenant une erreur matérielle, d'une décision qui aurait omis de statuer sur un moyen ou encore d'une décision qui aurait excédé son effet dévolutif, il est indéniable que le justiciable formule une critique contre un vice affectant le jugement, vice d'une intensité telle que celui-ci ne peut le résoudre autrement qu'en s'adressant de nouveau à la juridiction. Il peut être ajouté qu'à la différence de toutes les voies de recours traditionnelles ouvertes aux parties, l'intention du justiciable réside nécessairement et exclusivement dans la volonté de remettre en cause un jugement qui porte, par son imperfection, atteinte à ses droits ou à sa sécurité juridique. Ce n'est pas un réexamen de la contestation qui est ici recherché, et, preuve manifeste s'il en est, la saisine de la juridiction par requête commune des parties est ouverte par les articles 462, 463 et 464 du Code de procédure civile. Quoiqu'elles n'aient ni les mêmes objectifs ni les mêmes effets qu'une rétractation, s'agissant de corrections ou de compléments, les trois requêtes en rectification peuvent être finalement assimilées à des voies de rétractation à régime simplifié, en ce qu'elles conduisent le justiciable à revenir devant

---

[48] Bouty C., *Chose jugée*, préc., n° 100.

la même juridiction afin d'obtenir, malgré l'acquisition par la décision critiquée de la force de chose jugée, sa correction. Par opposition, la requête en interprétation prévue par l'article 461 du même code, ne tend pas à faire rectifier un quelconque vice, et ne saurait être considérée comme une voie tendant à la critique d'un jugement.

18 - Voies de rétractation. Les recours en rétractation ne posent pas les mêmes problèmes méthodologiques que les requêtes en rectification. La voie de rétractation peut être considérée comme la voie de principe de critique d'une décision passée en force de chose jugée : il s'agit de la méthode qui caractérise le recours en révision et la plupart des cas de tierce-opposition.

L'article 593 du Code de procédure civile pose tout d'abord sans équivoque le principe selon lequel le recours en révision « tend à faire rétracter un jugement passé en force de chose jugée ». L'esprit qui anime cette rétractation est l'intention de parfaire la décision[49]. Une originalité du recours en révision réside ensuite, par dérogation à la conception traditionnelle des voies de rétractation, dans la prohibition, récente, jurisprudentielle et au visa de l'article 6 § 1er de la Convention européenne de sauvegarde des droits de l'homme et des libertés fondamentales, du réexamen de l'affaire par les magistrats qui en ont connu en première instance[50]. La solution a de quoi surprendre, dans le cadre d'un recours qui ne conduit au réexamen des faits et du droit que du fait de la survenance de nouvelles pièces, mais elle apparaît comme un progrès pour les droits du justiciable, celui-ci pouvant légitimement craindre une appréciation biaisée des nouveaux éléments par un juge qui aurait déjà eu à se prononcer sur les droits de chacun. La rétractation d'un jugement sur révision entraîne enfin inéluctablement l'annulation de toute décision qui en est la suite ou la conséquence[51].

La tierce-opposition peut, quant à elle, être formée, selon les prévisions de l'article 586 du Code de procédure civile, à titre principal ou incidemment à une instance en cours. La tierce-opposition à titre principal se fait valoir, en toutes circonstances, par la voie de rétractation, aux termes de l'article 587 du même code qui dispose

---

[49] Guinchard S. et allii., *Procédure civile*, op. cit., n° 900.
[50] Cass. civ. 2, 12 juil. 2001, n° 99-21.822, Bull. civ. II, n° 142
[51] Guinchard S. et allii., *Procédure civile*, op. cit., n° 900.

qu'elle doit être « portée devant la juridiction dont émane le jugement attaqué ». Il en est de même pour la tierce-opposition par voie d'incidence, lorsque l'instance à l'occasion de laquelle elle se manifeste se déroule devant une juridiction de degré inférieur à celle qui a rendu le jugement critiqué[52]. Il est alors laissé à la discrétion du tribunal devant lequel l'exception de tierce-opposition a été soulevée de surseoir à statuer ou non, dans l'attente de l'examen du recours par la juridiction amenée à se rétracter[53]. La notification de la partie adverse par assignation devant le tribunal qui aura à connaître de la tierce-opposition s'impose alors[54]. Nulle exigence relative à la composition du tribunal n'a été ici posée[55], et la subsistance du principe ancien de tolérance de la présence des mêmes magistrats entre le procès initial et la voie de rétractation s'explique par l'identité de l'acteur à la procédure de rétractation, à savoir le tiers, dont les magistrats n'avaient pu préjuger des torts ou des droits.

Une section[56] particulière du Code de procédure civile est dévolue à la transposition des mécanismes de rétractation en matière d'arbitrage. Au sujet du recours en révision, elle contient un article 1502 disposant que ce recours contre une sentence arbitrale s'exerce devant le tribunal arbitral tant que celui-ci peut être réuni. Cela n'est pas sans contradictions avec la solution de droit commun proscrivant le réexamen par les mêmes juges, ou, à défaut, devant « la cour d'appel qui eût été compétente pour connaître des autres recours contre la sentence ». Quant à la tierce-opposition, l'article 1501 du Code de procédure civile dispose que la tierce-opposition contre telle sentence s'exerce « devant la juridiction qui eût été compétente à défaut d'arbitrage », une solution de bon sens, l'*intuitu personae* de l'arbitrage ne pouvant être opposé de la sorte au tiers. Dans ce dernier cas ainsi que dans le cas de l'impossibilité de réunir les juges-arbitres pour statuer

---

[52] Principe posé par l'article 588 du CPC, voir *infra*, n° 19.

[53] Cette possibilité est ouverte par l'article 589 du CPC.

[54] Guinchard S. et allii., *Procédure civile*, op. cit., n° 895.

[55] *Ibidem*.

[56] Le décret n° 2011-48 du 13 janv. 2011, article 3, 2°, précise que les dispositions des articles 1501 et 1502 du CPC contenus dans cette section ne s'appliquent que lorsque le tribunal a été constitué postérieurement au 1er mai 2011.

sur le recours en révision, la tierce-opposition et la révision s'apparentent alors à des voies de réformation.

Une dernière procédure tendant à remettre en cause un arrêt rendu par la Cour de cassation, plus marginale, prend également la forme d'une rétractation : il s'agit de la technique du rabat d'arrêt. Ce mécanisme émane de l'Assemblée plénière de la Cour de cassation[57], qui a admis la possibilité de réexaminer l'un de ses arrêts si celui-ci a été rendu sur la base d'une erreur matérielle ou de procédure[58]. Cette technique présente pour particularité de ne devoir son caractère de voie de rétractation qu'aux circonstances, résultant de l'utilisation par la Cour de cassation des seuls mécanismes à sa disposition, là où l'intervention du législateur aurait pu instituer une simple technique de purge des défauts de la décision. Les conditions de recevabilité du rabat d'arrêt sont en effet particulièrement proches de celles conditionnant l'usage des requêtes en rectification des erreurs matérielles, complément ou retranchement[59].

19 - Voie de réformation. L'article 588 du Code de procédure civile prévoit que la tierce-opposition prend exceptionnellement la forme d'une voie de réformation du jugement, lorsqu'elle est formée à titre incident devant une juridiction de degré supérieur ou égal à celle qui a rendu la décision critiquée, à condition qu'aucune règle de compétence d'ordre public ne s'y oppose. La tierce-opposition est alors notifiée par la partie qui s'en prévaut à la partie adverse par simple requête d'avocat à avocat[60]. Cette disposition est particulièrement protectrice pour le tiers qui découvrirait matière à s'opposer à un jugement rendu en sa légitime absence au cours d'une autre procédure le concernant cette fois directement, lui permettant ainsi d'exercer son opposition sans multiplier les instances. Il est permis de s'interroger sur la préservation de la sécurité juridique des parties au jugement critiqué, notamment en cas de grand éloignement géographique entre la juridiction qui a rendu le jugement et celle qui est saisie aux fins de

---

[57] Cass. ass. plén., 30 juin 1995, n° 94-20.302, Bull. ass. plén., n° 4.

[58] Eudier F. et Gerbay N., *Jugement*, Rép. proc. civile Dalloz, juin 2014, actu. juin 2016, n° 414.

[59] Voir *infra*, n° 27 et s.

[60] Guinchard S. et allii., *Procédure civile*, op. cit., n° 895.

le réformer, faute de caractère d'ordre public reconnu à la compétence territoriale des juridictions.

À l'exception de ce cas particulier, il est manifeste que la critique d'une décision passée en force de chose jugée n'a pas pour principe l'utilisation d'une voie de réformation, à l'inverse des voies de recours dites ordinaires. Le caractère exceptionnel de ces voies se caractérise par une préférence pour le mécanisme rétractation, dès que la modification qu'elles tendent à apporter ne résidant pas dans la correction d'une erreur d'appréciation des faits ou du droit émanant du tribunal, mais dans un vice matériel ou dans une erreur incombant aux parties, dont le tribunal n'aurait pu connaître.

20 - Pourvoi. Il est des cas où c'est bien la pertinence juridique d'une décision qui pose question et fonde sa critique. Lorsque le procureur général près la Cour de cassation souhaite remettre en question une décision d'apparence définitive, soit parce que celle-ci lui semble violer la loi, soit parce qu'elle révèle un excès de pouvoir flagrant, la voie qui lui est offerte est tout à fait singulière puisqu'elle prend la forme d'une voie de recours ordinaire spécialement aménagée, le pourvoi. On parle ainsi des « pourvois du procureur général près la Cour de cassation », exorbitants du droit commun de la cassation et réglementés par les articles 17 et 18 de la loi du 3 juillet 1967[61]. Le pourvoi dans l'intérêt de la loi, à la différence du pourvoi pour excès de pouvoir, a ceci de singulier qu'il n'anéantit pas les effets de la décision entre les parties, et ne constitue partant pas une voie de recours.

21 - Voies de nullité. L'adage « voies de nullité n'ont lieu en France contre les jugements » est transposé dans l'ordre juridique par l'article 460 du Code de procédure civile, qui conditionne l'annulation d'un jugement à l'exercice d'une voie de recours. S'il n'est pas question d'admettre le déferrement d'un jugement dans une action de nullité de droit commun, l'excès de pouvoir d'une juridiction peut également donner lieu à la restauration d'une voie de recours dont l'exercice aurait expressément été fermé en l'espèce par le législateur, fondant le régime des recours-nullité autonomes ou restaurés. Le statut juridique ambigu

---

[61] Loi n° 67-523 du 3 juil. 1967.

de ces mécanismes pouvant conduire à l'anéantissement d'une décision passée en force de chose jugée fera l'objet de développements[62].

L'extrême exiguïté du domaine d'exercice des recours-nullités autonomes ou restaurés ne contraste que peu avec les conditions d'exercice des autres recours étudiés, marqués par un caractère d'exception. Un préalable utile à l'analyse de leurs diverses conditions d'ouverture consiste dans un travail d'identification des caractéristiques essentielles des décisions sur lesquels ils peuvent s'exercer.

B. Les qualités partagées des décisions critiquables

22 - Méthodologie. Le présent développement n'a pas pour objet d'établir d'une liste exhaustive de toutes les formes de jugements contre lesquels les différents recours étudiés cet ouvrage peuvent être recevables, les conditions propres à l'exercice de chacune de ces méthodes de critique étant envisagées dans la section suivante, mais plutôt d'identifier de manière systémique des caractères communs aux décisions susceptibles d'être attaquées. Il nous est apparu qu'aucun critère commun permettant de qualifier juridiquement un ensemble homogène de décisions susceptibles de critique ne se détache, c'est pourquoi nous tenterons de dégager plusieurs sous-ensembles de méthodes de critiques, distingués en fonction de la possibilité ou non de les exercer contre des décisions de mêmes natures. La première classification qui peut être faite selon la nature des décisions attaquables utilisera le critère de la force de chose jugée. Les recours s'exerçant strictement contre des décisions passées en force de chose jugée peuvent être distingués de ceux pouvant s'exercer contre des décisions de toutes natures. Le second exercice consistera à lister les incompatibilités, entendues comme la coexistence inconciliable, entre l'exercice de certaines voies de critique et certaines natures de décisions critiquables, en particulier, les arrêts rendus par la Cour de cassation.

Cette étude nous permettra de surcroît de vérifier notre postulat selon lequel, du fait du caractère d'exception commun à l'ensemble des méthodes de critique d'une décision dite définitive, un filtrage rigoureux des possibilités de les former a cours ; et que ce filtrage peut avoir lieu de deux manières, soit par réduction du nombre des décisions

---

62 Voir *infra*, n° 58 et s.

susceptibles de recours, qui pourrait être qualifié de filtrage matériel, soit par restriction du nombre de chefs permettant de se prévaloir du recours, qui saurait être qualifiée de filtrage personnel. Les différentes voies de recours n'utilisent pas la même méthode de filtrage, et usent souvent des deux, à des degrés divers, or, la détermination de la méthode dominante est de grande influence sur la variété des décisions critiquables, celle-ci se réduisant à mesure qu'une voie de recours se rapproche de la conception matérielle.

23 - Exigence de la force de chose jugée. C'est l'approche matérielle du filtrage des recours qui est employée par le législateur lorsqu'il conditionne strictement la mise en œuvre d'une voie de recours à son exercice contre une décision qui jouit de la force de chose jugée. L'application la plus flagrante de cette hypothèse se trouve dans l'article 593 du Code de procédure civile, disposant expressément que « le recours en révision tend à faire rétracter un jugement passé en force de chose jugée ». De cette disposition, qui pose le principe de subsidiarité du recours en révision par rapport à l'exercice de toute voie de recours ordinaire[63], se déduisent deux implications. La première, qui n'est que lapalissade[64], est que le jugement critiqué ne doit plus être susceptible de recours suspensif au moment de l'introduction de la procédure de révision[65]. La seconde présente bien plus d'intérêt, et veut que le recours en révision ne puisse être formé que contre une décision qui soit de nature à acquérir la force de chose jugée. Ce critère exclut naturellement les mesures d'administration judiciaire et décisions ne dessaisissant pas le juge au principal, à l'instar des jugements avant dire droit prévus par l'article 482 du Code de procédure civile[66], ou des ordonnances statuant sur des indemnités prévisionnelles émanant du juge de la mise en état[67]. Les décisions amenées à être modifiées sont de principe insusceptibles de recours en révision. Il en est ainsi pour les

---

[63] Voir *infra*, n° 63 et s.

[64] L'alinéa premier de l'article 500 du CPC disposant que « A force de chose jugée le jugement qui n'est susceptible d'aucun recours suspensif d'exécution ».

[65] Colson R., *Recours en révision*, Rép. proc. civile Dalloz, sept. 2012, actu. avr. 2016, n° 9.

[66] Colson R., *Recours en révision*, préc., n°24.
Application jurisprudentielle : Cass. civ. 2, 22 févr. 2007, n° 05-18.829, Bull. civ. II, n° 43.

[67] Colson R., *Recours en révision*, préc., n°23.

ordonnances de référé qui disposent de leur propre procédure de rapport[68], mais également pour les ordonnances conservatoires émises par le juge aux affaires familiales qui peuvent être rescindées par le mécanismes *ad hoc* prévu par l'article 1118 du Code de procédure civile[69]. Certains auteurs semblent considérer que ces exclusions sont fondées sur une volonté de prévention des manœuvres dilatoires[70]. Si cela ne suscite aucun doute, il nous apparaît cependant qu'elles résultent avant tout de la volonté de délimiter, une fois la méthode du filtrage matériel choisie, une assiette précise et sans double-emploi pour le recours en révision. La visée d'une telle restriction, lisibilité du droit oblige, est d'orienter les parties vers une et une seule procédure de nature à garantir au mieux l'exercice de leurs droits, dans le respect de l'adage *specialia generalibus derogant*, et, par là même, du bon ordre processuel. La situation la plus symétriquement dissemblable est celle de la tierce-opposition. En la matière, la présentation, simpliste mais fréquente, de ce recours comme l'opposé exact du recours en révision n'est pas dénuée de sens.

La tierce-opposition étant régie par un filtrage de type personnel, elle ne garantit pas son exceptionnel usage par une restriction des décisions susceptibles d'en faire objet, et l'article 585 du Code de procédure civile pose comme principe sa recevabilité contre « tout jugement ». Les seuls tempéraments à cette admissibilité ne peuvent alors qu'être de nature légale. La mise en œuvre de la tierce-opposition n'est partant pas conditionnée à son exercice contre une décision passée en force de chose jugée, elle peut ainsi être exercée contre tout jugement du premier degré ou rendu par une Cour d'appel[71] dont le délai d'exercice des voies de recours ordinaires n'aurait pas encore expiré, bien qu'il soit alors à recommander au plaideur de l'exercer en ces cas avec une certaine prudence[72]. Les ordonnances du juge de la mise en

---

[68] Voir *infra*, n° 65.

[69] Guinchard S., Chainais C., Ferrand F., *Procédure civile*, op.cit., 2014, n° 1286 ; Colson R., *Recours en révision*, préc., n° 22.
Application jurisprudentielle : Cass. civ. 2, 3 juin 1999, n° 97-18.754, Bull. civ. II, n° 106 ; Cass. civ. 2, 3 oct. 2002, n° 01-00.800, Bull. civ. II, n° 202.

[70] Colson R., *Recours en révision*, préc., n° 21.

[71] Fricero N., *Tierce-opposition*, précit, n° 20.

[72] Voir *infra*, n° 64.

état[73] et les ordonnances de référé[74] sont ainsi susceptibles de tierce opposition, le simple fait que ces décisions soient de nature à être modifiées important peu sur les conséquences préjudiciables qu'elles peuvent faire supporter au tiers.

Il est à noter enfin que les pourvois du procureur général près la Cour de cassation s'exercent nécessairement contre des décisions passées en force de chose jugée voire même « irrévocables », puisque l'expiration du délai d'exercice des recours suspensifs et du pourvoi en cassation doit être attendue avant que le parquet ne puisse les exercer[75]. À l'inverse, la requête en rectification d'erreurs matérielles ne répond pas à cette nécessité, l'article 462 du Code de procédure civile mentionnant son exercice contre un jugement « même passé en force de chose jugée », reconnaissant sémantiquement la possibilité de le mettre en œuvre contre un jugement qui n'aurait pas acquis cette qualité. Cette solution est en outre cohérente avec la fonction de « purge du jugement du premier degré »[76] qu'exerce ce dispositif dans l'ordre processuel.

La technique du rabat d'arrêt, limitée aux arrêts rendus par la Cour de cassation dans son acception originelle, se classe par nature dans la catégorie des méthodes ne s'exerçant que contre un jugement passé en force de chose jugée, les arrêts rendus par la Cour de cassation étant insusceptibles de recours. Cette technique a également pu être utilisée contre des arrêts d'appel[77], une admission contestable qui ne remet pas en question la pertinence du critère de la force de chose jugée, les autres voies de recours utilisables en l'espèce n'étant pas suspensives.

24 - Décisions insusceptibles de recours. Le second axe de détermination de la liste des décisions critiquables est la recherche des décisions qui, par leur nature même, sont insusceptibles de faire l'objet de l'une ou de plusieurs des méthodes de critique étudiées. Les arrêts de la Cour de cassation sont très souvent frappés par ces

[73] Fricero N., *Tierce-opposition*, préc., n° 26.
[74] Fricero N., *Tierce-opposition*, préc., n° 25.
Application jurisprudentielle : Cass. civ. 2, 14 déc. 2006, n° 05-19.939, Bull. civ. II, n° 354.
[75] Guinchard S. et alii., *Procédure civile*, op. cit., n° 1304.
[76] Guinchard S. et alii., *Procédure civile*, op. cit., n° 1116.
[77] Eudier F. et Gerbay N., *Jugement*, préc., n° 417.

incompatibilités. Les pourvois du procureur général près la Cour de cassation sont l'exemple le plus frappant des recours qui ne peuvent être exercés contre un arrêt de la Cour de cassation, et ce du fait de leur nature même de pourvoi.

En matière de révision, il convient de préciser que, si le pourvoi contre une décision rendue sur révision ne pose aucun problème d'incompatibilité, la formation d'un recours en révision contre une décision rendue par la Cour de cassation est traditionnellement considérée comme impossible[78]. Il s'agit d'une solution jurisprudentielle visant à éviter l'écueil d'un hiatus juridique : la lettre même de l'article 593 du Code de procédure civile dispose que le recours en révision prend la forme d'un recours en rétractation, et qu'il vise à ce qu'il soit « à nouveau statué en fait et en droit ». Admettre sans réserve la possibilité de former un recours en révision à l'encontre d'un arrêt de la Cour de cassation aurait conduit à demander à cette dernière, rétractation oblige, un réexamen de l'affaire en droit mais aussi en fait, ce qui excédait manifestement les attributions de cette juridiction à l'époque de la formation de cette jurisprudence. La pérennité de cette solution peut faire l'objet d'un doute, à l'heure de la mise en œuvre de la loi relative à la justice du XXIe siècle. L'article 38 de ce texte modifie en effet la rédaction du Code de l'organisation judiciaire pour ouvrir à la Cour de cassation la possibilité de trancher au fond en matière civile[79], ce qui semble lever l'incompatibilité. Ils nous paraîtrait néanmoins peu envisageable pour la Cour de cassation de renverser sa politique de prohibition du recours en révision sur un arrêt qu'elle a rendu. La faible probabilité d'un tel revirement se déduit du fait que le texte nouveau ne permet à la Cour de ne statuer sur le fond qu'incidemment, à la suite de son examen du droit, ce qui supposerait que le moyen principal à la révision porterait sur un point de droit, hypothèse qui semble difficilement conciliable avec les

---

[78] Guinchard S. et alii., *Procédure civile*, op. cit., n° 1286 ; Colson R., *Recours en révision*, préc., n° 25.
Application jurisprudentielle : Cass. civ. 3, 12 juin 1991, n° 90-15.411, Bull. civ. III, n° 176.

[79] L'article 38 de la loi n° 2016-1547 du 18 nov. 2016 de modernisation de la justice du XXIe siècle introduit une nouvelle rédaction de l'article L. 411-3 du COJ prévoyant notamment que la Cour de cassation « peut aussi, en matière civile, statuer au fond lorsque l'intérêt d'une bonne administration de la justice le justifie ».

conditions d'exercice de cette voie de recours. Quand bien même une telle éventualité se réaliserait, faudrait-il alors admettre de porter une atteinte aussi substantielle au caractère normatif qu'ont acquis les arrêts de la plus haute juridiction judiciaire ? Il est possible que la correction de l'erreur judiciaire prime sur la volonté de préserver la vigueur de l'interprétation d'une norme livrée par un arrêt de la Cour de cassation. Pour autant, la possibilité de demander une révision, comme toute possibilité d'exercice de recours, n'est pas garantie de manière absolue[80]. Ainsi, il est possible que la Cour de cassation soit aussi rigoureuse avec la partie se prévalant d'une cause de révision qu'elle ne l'est déjà avec le tiers-opposant cherchant à remettre en cause la solution retenue par l'un de ses arrêts qui lui est préjudiciable.

Il est en effet de jurisprudence constante qu'un arrêt rendu par la Cour de cassation n'est pas susceptible de tierce-opposition [81]. L'affirmation ferme de ce principe se heurte quelque peu à la lettre de l'article 500 du Code de procédure civile, puisque nul texte ne la commande. Il s'agit là de la démonstration de l'attachement de la Cour à la protection de la portée de ses arrêts, peu importe si cela exige d'adopter une jurisprudence *contra legem*, et peu importe si cela doit affecter les droits des tiers, qui jouissent pourtant d'un régime de protection souvent dérogatoire en leur faveur. Ceux-ci, à défaut de pouvoir exercer un recours en révision, pourront se prévaloir d'autres mécanismes leur permettant de faire valoir leur cause, à savoir l'intervention volontaire en cause de cassation, la révision de la décision contre laquelle le pourvoi serait rejeté ou l'intervention en cause de renvoi en cas de cassation. Toutefois, quand bien même cette dernière option deviendrait impossible à exercer faute de renvoi, la prohibition du recours en révision contre l'arrêt de cassation persiste[82].

Nous pouvons par ailleurs constater que les arrêts émanant de la Cour de cassation ne sont pas les seules décisions judiciaires incompatibles avec l'exercice de l'une des voies de recours étudiées. En effet, les mesures d'administration judiciaire ne peuvent faire l'objet d'une tierce-opposition du fait du jeu de l'article 537 du Code de

---

[80] Voir *infra*, n° 53 et s.

[81] Fricero N., *Tierce-opposition*, préc., n° 45.

[82] *Ibidem*, n° 45.

procédure civile les instituant insusceptibles de recours[83], mais sont ouvertes au pourvoi du procureur général près la Cour de cassation pour excès de pouvoir, ce qui constitue un cas tout à fait singulier[84]. Quant aux contrats judiciaires, ils ont été écartés, de jurisprudence constante, de toute possibilité de recours ordinaire ou extraordinaire[85]. Si ces quelques dispositions couvrent des situations souvent anecdotiques, et ne constituent qu'une quintessence des pléthoriques dispositions particulières d'exclusion de certaines catégories de décisions du cadre de certaines voies de recours, leur existence a le mérite de borner de manière tout à fait minutieuse les contours de la matière. Ce niveau de précision est rare et salutaire dans l'étude d'un corps de textes dont la cohérence n'est pas la vertu cardinale. L'établissement de ce pourtour permet d'envisager une deuxième délimitation par analyse comparative, celle des causes des recours envisagés.

---

[83] Guinchard S. et alii., *Procédure civile*, op. cit., n° 1274.

[84] *Ibidem*, n° 1304.

[85] Fricero N., *Tierce-opposition*, préc., n° 47.

Section 2. La diversité des intérêts protégés par la critique

25 - Division. Une fois levés les obstacles afférents à la définition de la critique d'une décision dite définitive, nous saisissons une matière dont les caractéristiques qui ont pu être établies sont peu homogènes. C'est ce qui émane en effet d'une multiplicité de techniques visant à attaquer des décisions de natures diverses, selon des logiques procédurales distinctes et susceptibles d'aboutir à des effets différents. En dépit des quelques regroupements pouvant être effectués, il semble manifeste qu'une théorie générale ne peut émerger de ces considérations formelles. Pourrait-elle alors résider dans une proximité entre des éléments de nature personnelle, à savoir propres au titulaire du recours et à la cause qu'il entend faire valoir ? Il convient en conséquence de rechercher, à travers l'analyse des cas d'ouverture de chacune des méthodes étudiées, la cause de ces recours. Si nous choisissons de transposer en matière processuelle une notion mal-aimée du droit des obligations, au point d'avoir disparu du Code civil à l'occasion de la réforme de 2016, c'est parce qu'elle nous semble constituer le fondement le plus adéquat pour la recherche d'une théorisation qui puisse être utilisé parmi les éléments comparables entre les diverses techniques étudiées. La recherche de la cause spécifique à chaque recours nous conduit à opérer une première division selon l'intérêt que chacun vise à protéger, nous pouvons distinguer ainsi les recours tendant à protéger l'intérêt de l'une partie au procès (§ 1er) de ceux ayant pour objet de défendre un intérêt extérieur à l'instance (§ 2).

§ 1er. La protection de l'intérêt d'une partie au procès

26 - Division. Les techniques de critique d'une décision de justice passée en force de chose jugée sont caractérisées avant tout par la possibilité qu'elles offrent de poursuivre une procédure judiciaire, alors même que celle-ci aurait dû trouver son terme, et la contestation sa solution intangible. Cette constatation implique naturellement que les premiers titulaires d'actions permettant une telle continuation du litige soient les parties elles-mêmes, qui vont trouver dans la réparation d'une erreur (A) ou dans une fraude (B) affectant le jugement, un intérêt à défendre à même de causer l'ouverture de l'un des recours étudiés.

A. La protection contre l'erreur

27 - Nature de l'erreur-cause de recours. Il est admis par la doctrine que l'erreur puisse constituer un cas d'ouverture de recours tendant à critiquer une décision passée en force de chose jugée : le recours en révision est ainsi défini comme la « voie de recours extraordinaire portée devant les juges ayant statué, pour les prier de modifier leur décision rendue par erreur »[86]. Ce n'est pourtant pas de l'erreur au sens du recours en révision dont il sera question dans l'étude de l'erreur-cause de recours. Celle-ci se rapproche en réalité de la notion de fraude, du fait de la définition des circonstances de nature à l'induire effectuée par l'article 595 du Code de procédure civile[87]. Il apparaît ainsi qu'en cette matière de recours d'exception, l'erreur commise par la juridiction du fait du comportement d'une partie ne peut constituer un cas d'ouverture que si elle présente un caractère dolosif, et bascule alors sous une qualification de fraude. Le critère fondamental qui se détache en conséquence dans la qualification de l'erreur-cause de révision est l'extériorité aux parties de son origine, et, plus précisément encore, son imputabilité à la juridiction. Cette imputabilité est exigée, et ce en présence d'une erreur matérielle faisant l'objet d'une requête en rectification[88], d'une erreur de la Cour de cassation donnant lieu à un rabat d'arrêt[89], ou, par nature même, dans le cadre de l'omission de statuer ou du prononcé de choses non-demandées.

Les trois techniques juridiques sus-citées constituent en effet les trois méthodes permettant au justiciable d'obtenir la correction d'une erreur émanant de la juridiction, quand bien même la décision viciée par l'erreur relevée serait passée en force de chose jugée. Quel est, alors, l'intérêt qui justifie l'atteinte à cette force, et caractérise la cause des recours fondés sur l'erreur ? La réponse unique ne semble pas exister de prime abord, les recours tendant à la correction d'erreurs matérielles se fondant sur le respect des droits de la défense[90],

[86] Guinchard S. et alii., *Procédure civile*, op. cit., n° 1285.

[87] Voir *infra*, n° 31 et s.

[88] Fricero N., *in* Guinchard S., *Droit et pratique de la procédure civile*, op. cit., n° 522.14.

[89] *Ibidem*, n° 522.122.

[90] *Ibidem*, n° 522.123.

tandis que la requête en rectification du jugement en cas d'*infra*, d'*ultra* ou d'*extra-petita* vise à garantir le respect des dispositions de l'article 5 du Code de procédure civile, qui borne l'objet des litiges en posant le principe selon lequel « le juge doit se prononcer sur tout ce qui est demandé et seulement sur ce qui est demandé »[91]. Il existe ainsi une gradation entre d'une part des maladresses purement matérielles qui peuvent émaner du juge ou d'un quelconque membre du personnel judiciaire ayant pu avoir accès au dossier, faute minime mais d'influence substantielle puisqu'elle en vient à porter atteinte à un droit fondamental du justiciable, et d'autre part une violation d'un principe directeur du procès par le juge qui est pourtant corrigée d'une manière analogue. La proximité des deux mécanismes de rectification démontre que cette dualité de fondements n'est qu'apparente, et qu'elle ne peut occulter une certaine unité de l'erreur, qui pourrait s'inscrire dans un principe selon lequel nulle juridiction ne peut s'abstenir de corriger les effets de sa propre turpitude.

Une seconde observation peut être faite pour qualifier la notion d'erreur-cause de recours, portant sur l'effet de l'existence de l'erreur sur l'autorité de chose jugée attachée à la décision qu'elle vicie. Il est de principe que la généralité qui caractérise l'autorité de la chose jugée impose d'attacher celle-ci aux décisions erronées[92], néanmoins, nous soutenons que la rectification d'une erreur matérielle par les requêtes idoines ou par la technique du rabat d'arrêt, ainsi que la correction de l'omission de statuer ou du prononcé de choses non-demandées, ne portent pas substantiellement atteinte à l'autorité de la chose jugée[93]. La situation nous semble flagrante en matière de complément ou de retranchement : l'adjonction des réponses à une prétention dans le premier cas ne peut affecter l'autorité de la chose jugée dont sont revêtus les chefs préalablement tranchés, selon les dispositions mêmes de l'article 463 du Code de procédure civile, tandis que dans le second cas, où le juge s'est prononcé sur des demandes dont il n'était pas saisi, il nous semble difficile de soutenir que la rétractation de tels chefs porte une atteinte autre que formelle à l'autorité de la chose jugée, ceux-ci pouvant être matériellement définis comme des chefs qui n'auraient

---

[91] Eudier F. et Gerbay N., *Jugement*, préc., n° 480.

[92] Karila de Van J. et Gerbay N., *Chose jugée*, préc., n° 240.

[93] Sur la sanction de la rectification qui y porterait atteinte : Cass. ass. plén., 1er avr. 1994, n° 91-20.250, Bull. ass. plén., n° 3.

jamais dû être jugés. Dans le cas des erreurs matérielles, la situation est plus ambiguë puisque nul fondement textuel ne permet de caractériser l'absence d'atteinte à l'autorité de la chose jugée, néanmoins, c'est encore un critère matériel résidant dans la nature de la rectification à apporter qui nous permet de soutenir l'affirmation : il nous semble difficile d'affirmer que la simple correction d'une erreur fortuite et sans rapport avec le fondement intellectuel de la décision porte atteinte à la substance de la chose jugée. La question est plus épineuse lorsque l'erreur entraîne un rabat d'arrêt de la Cour de cassation, qui peut amener à une solution différente, typiquement, à l'examen d'un pourvoi antérieurement déclaré irrecevable[94]. Mais là encore, en dépit des conséquences plus grandes sur la situation du justiciable, la prohibition de la correction de l'erreur intellectuelle s'explique bien par souci de préservation de l'autorité de la chose jugée[95]. Les techniques de critique d'une décision pour cause d'erreur se trouvent ainsi dans une situation originale, en ce qu'elles portent atteinte à la force de chose jugée de la décision attaquée mais pas, du moins substantiellement, à son autorité de chose jugée.

Il va ainsi être établi que l'erreur-cause de recours pourrait être définie comme une imperfection d'origine juridictionnelle affectant un jugement, de nature à atteindre le justiciable dans ses droits, et qui peut être corrigée sans attaquer substantiellement l'autorité de la chose jugée dont est revêtue la décision critiquée. Une double conséquence doit être tirée de cette affirmation. Premièrement, si l'erreur caractérise une atteinte aux droits du justiciable, celui-ci jouit alors d'un intérêt indiscutable à la faire réparer et doit pouvoir exercer cet intérêt dans des conditions qui lui soient les plus favorables possibles. Secondement, l'absence de remise en cause de l'autorité de la chose jugée permet la mise en place de ces conditions favorables sans porter préjudice aux droits du tiers ou de la partie adverse. Les largesses offertes par le régime procédural visant à corriger l'erreur, comparativement à d'autres techniques de critique[96], doivent alors être compensées par une délimitation précise des cas dans lesquelles celle-ci est caractérisée.

---

[94] Cass. civ. 3, 3 févr. 1988, n° 87-12.351, Bull. civ. III, n° 29.

[95] Fricero N., *in* Guinchard S., *Droit et pratique de la procédure civile*, op. cit., n° 522.122.

[96] Notamment en matière de délais, voir *infra*, n° 70 et n° 72, ou d'introduction de l'instance, voir *infra*, n° 73.

Des circonstances particulières sont, en conséquence, à établir, et une divergence apparaît alors entre les recours tendant à rectifier une erreur matérielle, à savoir d'une part les requêtes *ad hoc* ainsi que la technique du rabat d'arrêt, et d'autre part les requêtes en complément ou retranchement. L'erreur conditionnelle, dont la mise en œuvre de la correction exige la vérification de plusieurs hypothèses, est ainsi à distinguer de l'erreur suffisante dont la simple constatation impose la réparation.

28 - Erreur conditionnelle (caractère matériel). Dans le cadre des erreurs conditionnelles, la première exigence qui se distingue pour en permettre la réparation est celle de la matérialité de l'erreur. Ce critère s'apprécie différemment selon que l'erreur est étudiée dans le cadre des requêtes en rectification ou dans celui du rabat d'arrêt.

L'exigence de matérialité pour apprécier le premier cas peut être qualifiée de simple : la caractérisation de la matérialité de l'erreur suffira. Une telle caractérisation exige d'effectuer une distinction entre l'erreur matérielle et l'erreur intellectuelle, exercice qui peut s'avérer plus délicat qu'il ne semble l'être de prime abord. Le domaine repose tout d'abord sur une certitude, qui est que l'erreur matérielle ne peut en aucun cas désigner l'erreur faite par le juge sur l'un des éléments relevant de son office. Une telle erreur, dont la correction aurait pour effet de dénaturer la substance de la chose jugée, ayant vocation à être corrigée par l'usage des voies de recours normales[97], aux régimes d'exercice bien plus protecteurs des intérêts que de telles divergences d'appréciation sont de nature à opposer. Ainsi, l'erreur rectifiable ne peut porter ni sur le raisonnement du juge[98], ni sur son appréciation des faits[99] ou de leurs conséquences, ni encore sur la bonne application du droit[100]. Les incertitudes dans la définition, néanmoins, persistent. Il serait satisfaisant de pouvoir se limiter à la distinction établie par Marie-Anne Frison-Roche, selon laquelle « l'erreur de plume » se « rattache à la matière et non pas à la personne du juge »[101], néanmoins,

---

[97] Définition de la voie de recours normale : voir *supra*, n° 14.

[98] Cass. com., 17 déc. 1980, n° 78-15.993, Bull. civ. IV, n° 430.

[99] Cass. civ. 2, 8 juin 1974, n° 73-10.978, Bull. civ. II, n° 193.

[100] Cass. civ. 2, 4 janv. 1990, n° 89-16.935, Bull. civ. II, n° 2.

[101] Frison-Roche M.-A., « L'erreur du juge », RTD civ. 2001 p. 819.

la limite entre l'erreur purement matérielle et l'erreur intellectuelle a pu être établie par la pratique jurisprudentielle de manière moins manichéenne. Ainsi, la Cour de cassation semble retenir pour critère celui de l'erreur évidente, qui peut ainsi émaner d'une opération du juge, mais dénote de manière univoque une contradiction avec son intention et trahit son raisonnement, un exemple résidant dans l'erreur de calcul portant sur des données initiales correctes[102]. Nonobstant le pragmatisme de la jurisprudence, qui est ici à saluer - et permet de souligner la pertinence du critère de la remise en cause ou non de l'autorité substantielle de la chose jugée -, la caractérisation de l'erreur matérielle évidente peut s'avérer dans certains cas plus subtile encore. La notion d'erreur évidente peut se confondre en effet avec l'appréciation du caractère volontaire ou non de l'erreur. Or, le caractère involontaire d'une erreur peut ne pas se déduire de manière suffisamment univoque de sa simple matérialité, l'existence d'une erreur matérielle pouvant révéler une erreur substantielle[103]. Il est enfin à noter qu'en toute logique, le caractère matériel de l'erreur ne peut s'apprécier que là où elle a pu causer du tort au justiciable, ainsi, n'est rectifiable que l'erreur contenue dans le dispositif du jugement, l'erreur située dans les motifs n'est alors sujette à critique que si elle entre en contradiction avec le dispositif[104].

L'erreur-cause de rabat d'arrêt répond au même critère de matérialité[105]. Il convient néanmoins de rappeler qu'une requête en rectification d'erreur matérielle peut être présentée devant la Cour de cassation. Ainsi, si le recours *ad hoc* qu'est le rabat d'arrêt a été créé par la pratique[106], c'est bien pour combler une carence de voie de recours et non pour en permettre un cumul. La clef réside dans la recherche de la situation dans le temps procédural de l'erreur-cause de rabat : celle-ci ne concerne pas une étourderie dans la rédaction de

---

[102] Eudier F. et Gerbay N., *Jugement*, préc., n° 458.

[103] Fricero N., *in* Guinchard S., *Droit et pratique de la procédure civile*, op. cit., n° 522.13.
Application jurisprudentielle : Cass. ass. plén., 1er avr. 1994, préc.

[104] Fricero N., *in* Guinchard S., *Droit et pratique de la procédure civile*, op. cit., n° 522.22.

[105] Cass. civ. 2, 9 févr. 2006, n° 02-30.504, inédit.

[106] Voir *supra*, n° 18.

la lettre du jugement, mais une maladresse survenue au cours de la procédure[107]. Sa caractérisation exige alors de démontrer que l'erreur a eu une incidence sur la solution retenue par l'arrêt ensuite prononcé, et, de ce fait, l'atteinte substantielle qu'elle a causé au droit des parties[108]. Le rabat allant entraîner la rétractation de l'arrêt attaqué, dérogeant, qui plus est, à l'interdiction de principe d'exercice d'un recours interne contre une décision émanant de la juridiction suprême de l'ordre judiciaire, il est sain que l'erreur qui le cause ne puisse être appréciée avec la même souplesse que celle qui donne lieu la requête en rectification. Un tempérament est à apporter à ces constatations, et il doit être rappelé qu'en matière de rabat d'arrêt, création prétorienne pour laquelle la haute juridiction crée sa propre compétence, nulle certitude n'est jamais acquise. Le rabat d'un arrêt en l'absence de toute erreur matérielle constatable, et pour simple cause de disparition des circonstances qui avaient justifiées, en l'espèce, un sursis à statuer sur renvoi préjudiciel, a été admis par la Cour par une décision en date du 8 février 2000[109]. Une extension de l'usage de cette technique juridique pour résoudre des difficultés autres que la correction d'une erreur ayant lésé les droits de la défense d'une partie a alors pu être relevé[110]. L'arrêt fait d'autant plus date qu'en l'espèce, aucune erreur, matérielle ou non, n'a été commise par la juridiction. Dès lors, le champ de mise en œuvre de la technique a été considérablement élargi, mais, et c'est heureux, uniquement à des cas dans lesquelles une erreur avait été commise, bien qu'elle soit intellectuelle. Ainsi, la contrariété de décisions dans des instances connexes[111], ou le dépassement du cadre de sa saisine par la Cour[112], ont donné lieu à des rabats. Si le critère de matérialité de l'erreur est mis à mal par l'émergence de ces causes d'ouverture du recours, la nature de celui-ci n'est pas bouleversée, et il demeure un moyen de défendre l'intérêt d'une partie qui serait lésé d'une manière quelconque par l'une de ces causes, à l'exemple de la partie victime d'un renvoi préjudiciel s'avérant dilatoire, et ne devient

107 Cass. com., 12 janv. 1993, n° 91-15.172, Bull. civ. IV, n° 2.

108 Eudier F. et Gerbay N., *Jugement*, préc., n° 415.

109 Cass. com., 8 févr. 2000, n° 86-18.539, inédit.

110 Eudier F. et Gerbay N., *Jugement*, préc., n° 416.

111 Cass. civ. 3, 3 mars 2004, n° 02-15.091, Bull. civ. III, n° 49.

112 Cass. civ. 1, 16 nov. 2004, n° 02-12.268, Bull. civ. I, n° 265.

pas un instrument de défense, au préjudice des parties, de la beauté du droit, comme une appréciation rapide peut le laisser craindre.

29 - Erreur conditionnelle (imputabilité à la juridiction). La seconde caractérisation indispensable pour retenir l'erreur conditionnelle est celle de son origine. En application même de sa nature extérieure à la volonté des parties ou du tiers préalablement établie, celle-ci ne peut émaner que de l'institution judiciaire[113]. Il n'est évidemment pas question que le régime avantageux qui caractérise les recours visant à la corriger ne puisse permettre à une partie de rectifier les effets de sa propre négligence dans la conduite de la procédure, négligence qui dans le bon déroulement processuel doit être sanctionnée et non facilitée. La Cour de cassation a néanmoins considéré que l'erreur émanant d'une partie qui a été reprise dans le jugement est rectifiable[114], le juge ayant exercé un contrôle défaillant se l'appropriant[115], solution bienvenue s'il en est, eu égard d'une part au contrôle de l'office du juge qu'elle institue, et d'autre part à la constatation indiscutable de l'intégration de l'erreur au corps du jugement qui est, selon les dispositions légales, susceptible de requêtes en rectification.

La condition d'imputabilité à la juridiction est identique en matière de rabat d'arrêt, l'erreur qui en est la cause devant résulter du fait de la Cour de cassation ou de ses services[116], principe d'actualité en matière de rabat d'arrêt pour erreur matérielle mais qui reste à nuancer au regard de l'extension du domaine du rabat d'arrêt étudié plus avant[117].

30 - Erreur suffisante. La caractérisation de l'erreur-cause de complément ou de retranchement est soumise à moins de conditions que celle de l'erreur-cause de rectification, ce qui peut paraître surprenant, l'adjonction ou la suppression de réponses à des demandes pouvant avoir en pratique davantage d'effets sur les conséquences d'un

---

[113] Eudier F. et Gerbay N., *Jugement*, préc., n° 463, et Fricero N., *in* Guinchard S., *Droit et pratique de la procédure civile*, op. cit., n° 522.14.

[114] Cass. civ. 1, 18 janv. 1989, n° 87-16.880 et n° 87-17.735, Bull. civ. I, n° 23.

[115] Fricero N., *in* Guinchard S., *Droit et pratique de la procédure civile*, op. cit., n° 522.14.

[116] Cass. civ. 2, 27 nov. 1991, n° 90-15.678, Bull. civ. II, n° 322.

[117] Voir *supra*, n° 28.

jugement que la rectification d'une erreur matérielle, en particulier pour la partie qui n'aurait pas eu intérêt à exercer la requête. Ceci s'explique en réalité par l'intérêt indéniable à la correction d'une violation d'un principe directeur de la procédure.

La constatation de l'erreur qui ouvre droit à rectification est ici simple et objective. Il suffit de comparer l'acte introductif d'instance, augmenté accompagné des dernières conclusions déposées par les parties, avec le dispositif du jugement pour caractériser une omission de statuer ou un prononcé de choses non-demandées[118]. Quelques précisions sont néanmoins apportées par la jurisprudence : l'omission de statuer ne peut porter que sur une demande dont le juge est valablement saisi et non sur un moyen[119], afin de ne pas substituer la requête en rectification pour cause d'*infra-petita* au pourvoi en cassation pour défaut de motifs, tandis que le prononcé de choses non-demandées, s'il constitue une violation de la loi[120], n'est pas sanctionné par la requête idoine mais doit faire l'objet d'une voie de recours. Un principe se dégage ainsi, en vertu duquel tout vice affectant un jugement qui se caractériserait par une méconnaissance d'un texte ou une volonté de porter atteinte aux droits d'une partie affecte l'autorité de la chose jugée avec une gravité telle que seule une voie de recours au sens strict prévu par Code de procédure civile peut en permettre la correction.

B. La protection contre la fraude

31 - Nature de la fraude-cause de révision. La maladresse de la juridiction ne constitue pas la seule menace pensant sur l'intégrité de l'intérêt d'une partie au procès. Il sied de ne pas ignorer que les rapports processuels sont avant tout des rapports conflictuels, ainsi, la litigiosité qui leur est inhérente peut donner lieu à la commission par une partie de manœuvres de nature à modifier injustement la solution apportée par le juge. Tout jugement peut alors se trouver vicié par la commission d'une fraude, d'une manière telle que l'ouverture d'une voie de recours contre cette décision, même passée en force de chose jugée, est admise. Les effets de la fraude peuvent évidemment être anéantis par l'exercice

---

[118] Fricero N., *in* Guinchard S., *Droit et pratique de la procédure civile*, op. cit., n° 523.11 et n° 523.23.

[119] Cass. civ. 3, 17 févr. 1993, n° 90-18.098, Bull. civ. III, n° 20.

[120] Cass. civ. 2, 3 mars 1988, n° 86-16.151, Bull. civ. II, n° 53.

d'une voie de recours suspensive lorsque celle-ci est possible, mais la gravité de l'altération de l'issue d'un jugement par un tel procédé a imposé la mise en place d'un dispositif spécifique exclusivement dédié à la réparation de ses conséquences, si la fraude est découverte après que la décision est passée en force de chose jugée. Ce dispositif est unique et exclusivement attaché à cette situation, il s'agit du recours en révision, qui fera l'objet de ce développement. Le recours en révision est une création du nouveau Code de procédure civile, qui a permis de pérenniser les causes d'ouverture de l'ancienne requête civile qui n'avaient pas été transformées en causes de cassation malgré l'extension progressive du périmètre de cette dernière [121] . Cette redéfinition eut pour conséquence la consécration d'une séparation définitive entre les deux causes d'ouverture de la requête civile, à savoir l'erreur non-intentionnelle du juge et l'erreur de fait provoquée par une partie ou un tiers. Seule cette dernière hypothèse a été maintenue dans le giron du nouveau recours en révision. L'appréciation des faits ou du droit par le juge n'étant pas mise en cause, c'est tout naturellement que le recours en révision a été conçu comme une voie de rétractation. Ce caractère du recours explique qu'à l'inverse des requêtes en rectification, celui-ci soit de nature à revenir sur l'autorité de la chose jugée, et il serait alors inconcevable de ne pas encadrer son exercice de manière suffisamment stricte pour en prévenir tout abus.

Il convient de rechercher en conséquence ce qui caractérise une fraude-cause de révision. Le Code de procédure civile n'est pas disert à ce sujet, se contentant de la borner par quelques dispositions d'ordre techniques ou relatives à son contenu, en se gardant de tenter une quelconque définition générale de la fraude-cause de recours en révision. À défaut d'éclaircissements législatifs, c'est par la recherche d'éléments d'identification de sa fonction que nous tenterons une définition de la nature de la fraude-cause de révision, qui pourra aboutir à la délimitation de deux axes de réflexion. Le premier s'attache à la conséquence communément admise de la fraude. En effet, en vertu de l'adage *fraus omnia corrumpit*, celle-ci peut servir de seul fondement à la remise en cause de tout acte qu'elle vicie, tandis que le second axe s'attache à la conséquence objectivement constatable de la fraude dans les cas d'ouverture du recours en révision : celle-ci a été de nature

[121] Guinchard S. et alii., *Procédure civile*, op. cit., n° 1285.

à altérer l'équité du jugement[122]. Selon cette dernière conception, la fraude ne constitue pas une cause de recours du fait de sa propre existence, c'est l'erreur de fait ou de droit dans laquelle sa commission a induit la juridiction qui doit être rétractée. Elle s'inscrit ainsi dans le cadre d'un régime de réparation, c'est le caractère fautif du comportement d'une partie qui est à l'origine d'un grief causé à la partie adverse, et va donner entière légitimité à l'atteinte à la force et à l'autorité de la chose jugée au bénéfice de la partie lésée. Il nous apparaît alors que, s'il est indéniable le caractère corrupteur de la fraude est à l'origine intellectuelle de l'existence du recours en révision, c'est en réalité une caractérisation de son résultat qui va en guider le régime, et justifier sa nature relativement restrictive.

L'article 594 du Code de procédure civile annonce ainsi le caractère limitatif des causes de révision envisagées par l'article qui le suit, caractère manifestant par ailleurs une adéquation totale avec la nature exceptionnelle du recours en révision, et la nécessité d'en circonscrire l'usage. C'est partant à l'article 595 du Code de procédure civile que revient la charge d'énumérer les quatre causes[123] d'ouverture du recours en révision, dont ne peuvent exciper que les seules parties ou personnes représentées au jugement[124]. Il est de notre avis que ces quatre situations manifestent un caractère frauduleux, bien que celui-ci n'ait été expressément disposé par le législateur que dans la définition de la première. Il conviendra alors de distinguer cette fraude parfaite, puisque définie comme telle et caractérisée par sa seule nature dolosive, des cas de fraude que nous pourrions désigner comme imparfaite, dont la nature frauduleuse se déduit des conséquences.

32 - Fraude parfaite. La fraude parfaite recouvre uniquement la première des causes textuelles d'ouverture du recours, qui prévoit qu'est susceptible de révision la décision qui « a été surprise par la fraude de la partie au profit de laquelle elle a été rendue ». Ici encore, le législateur ne s'embarrasse pas de la charge de la définition de la

---

[122] Colson R., *Recours en révision*, préc., n° 50.

[123] À savoir : fraude délibérée de la partie adverse, découverte postérieure au jugement de pièces décisives retenues par celle-ci, production de fausses pièces et de faux témoignages ou attestations.

[124] Guinchard S. et alii., *Procédure civile*, op. cit., n° 1288.

notion de fraude, et il revient aux juridictions de l'apprécier. Nulle définition générale et abstraite n'émane de leur jurisprudence, mais il s'en dégage que l'acceptation large de la fraude, comme tout acte de mauvaise foi « accompli dans le dessein de préjudicier à des droits que l'on doit respecter »[125], est retenue[126].

Deux éléments constitutifs de la fraude parfaite se déduisent de cette définition. Celle-ci doit tout d'abord émaner d'un acte intentionnel, et, plus précisément, dénoter d'une volonté dolosive de porter atteinte aux droits d'une partie, et s'exprime par un élément matériel particulièrement large et indéfini. Ainsi, commettra une fraude parfaite la partie qui met en œuvre, à dessein, toute manœuvre de quelque nature que ce soit destinée à tromper le juge ou la partie adverse, dans un sens favorable à sa cause. Après une intervention de la Cour de cassation qui a mis fin à la persistance de l'usage par les juridictions du fond de la notion de dol personnel, héritée de l'ancienne requête civile[127], il peut être affirmé avec certitude que la fraude ne peut se caractériser que par une manœuvre positive, et non par une omission de mentionner des faits défavorables à sa cause dont le plaideur aurait eu connaissance. Cette décision a fait cesser une pratique manifestement attentatoire au principe *nemo contra se tenetur edere,* selon lequel nul n'est tenu de s'accuser spontanément[128], ce qui est louable, le recours en révision ayant pour objectif de corriger un préjudice grave aux droits procéduraux d'une partie et de rétablir l'équité en sa faveur, et non d'amenuiser les droits de la partie adverse.

La fraude parfaite comporte, en sus de son élément matériel et de son élément dolosif, un élément relatif à son origine. La fraude parfaite ne peut en effet émaner que de la partie à l'avantage de laquelle la décision a été rendue et non d'un tiers, exception faite de la situation dans laquelle le tiers serait complice de la partie bénéficiaire de la fraude, ce qui s'explique aisément par la nécessaire préservation du caractère relatif de la chose jugée. Ainsi, il est préférable, et c'est la

---

[125] Cornu G., *Vocabulaire juridique*, Association Henri Capitant, 11e éd., 2016, PUF, V° Fraude.

[126] Colson R., *Recours en révision*, préc., n° 50.

[127] Cass. civ. 2, 21 juil. 1980, n° 78-16.197, Bull. civ. II, n° 190.

[128] Colson R., *Recours en révision*, préc., n° 51.

solution retenue par la pratique[129], que l'action dolosive d'un tiers, dont la conséquence sur l'issue du litige est caractérisée, se résolve en dommages, et non par la remise en cause de ce qui a été jugé entre des parties de bonne foi.

Finalement, la fraude parfaite peut être définie comme toute commission déloyale de quelque nature que ce soit, émanant exclusivement d'une partie ou de son complice, intentionnellement destinée à tromper le juge ou la partie adverse dans un sens favorable à sa cause, et dont le résultat a été de nature à porter atteinte à l'équité du jugement et d'en avoir corrompu le sens, d'une manière telle que la subsistance de son autorité de chose jugée ne constitue plus une valeur à protéger.

33 - Fraude imparfaite. Peut être désignée comme imparfaite la fraude qui n'est pas revêtue de l'ensemble des éléments qui caractérisent fraude parfaite, mais qui peut néanmoins être définie comme une manœuvre d'intention dolosive ayant eu pour effet de rompre l'équité du jugement, ce qui justifie une identité de régime procédural visant à en réparer les conséquences avec celui de la fraude parfaite. L'ensemble des situations visées par l'article 595 du Code de procédure civile, à l'exception de la première, constituent des cas de fraude imparfaite : il s'agit de la rétention de pièces décisives par le fait de la partie défenderesse au recours en révision, et de la production de fausses pièces ou attestations.

L'hypothèse de rétention se manifeste après le recouvrement par la partie lésée de tout document, existant au moment du procès, qui aurait été dissimulé par de la partie adverse, prouvant l'existence d'un fait juridique ou établissant l'existence, l'étendue ou encore l'extinction d'un droit ou d'une obligation[130]. Cette rétention doit être volontaire et animée d'une intention dolosive[131]. L'élément matériel de la fraude parfaite n'est pas accompli, puisque celui-ci exige une commission, cependant la sanction de l'omission est ici justifiée puisque la partie fautive n'était pas tenue de s'incriminer, mais de permettre l'accès de son adversaire à des pièces indispensables à celui-ci pour faire valoir

---

129 *Ibidem*, n° 55.

130 Colson R., *Recours en révision*, préc., n° 59.

131 Cass. civ. 2, 3 juil. 1985, n° 84-10.592, Bull. civ. II, n° 135.

ses droits. L'élément dolosif ainsi que l'élément relatif à l'origine de la fraude restent analogues à ceux exigés pour la qualification d'une fraude parfaite, tandis que les effets de la rétention sont également identiques, ainsi, le caractère frauduleux de la rétention ne saurait être dénié.

En matière de production de faux témoignages, serments, attestations ou pièces par une partie, la qualification de la fraude est plus souple encore. Dès lors qu'une partie à un jugement passé en force de chose jugée reconnaît le caractère falsifié d'une pièce qu'elle a produite à l'instance, ou encore qu'un jugement postérieur à la décision attaquée, mais antérieur à l'ouverture du recours en révision, déclare faux tout témoignage, serment, attestation ou pièce, le droit à obtenir la rétractation du jugement est ouvert[132]. La présence de la fraude peut être difficile à retenir, en effet, si l'élément matériel de la fraude est tangible, étant donné que la production d'un faux s'apparente à une manœuvre positive, les éléments dolosifs et d'origine peuvent, dans certains cas d'espèce, s'avérer absents. Il est en effet tout-à-fait envisageable que la partie qui a produit un faux n'aie pas eu conscience du caractère de celui-ci, qui peut avoir pour origine le fait d'un tiers, et n'aie partant pas manifesté d'une intention dolosive d'altérer l'équité du jugement. Il nous apparaît toutefois que c'est bien sur le fondement de la fraude que s'ouvre le recours en révision en ces cas. Tout faux implique une faute, ainsi, quelle qu'en soit l'origine, interne ou externe aux parties, cette faute est à la source d'un régime de fraude dérogatoire, dont la gravité est telle que, même commise par un tiers, elle justifie une atteinte au caractère relatif de la chose jugée et la rétractation du jugement qu'elle a contribué à induire en erreur.

34 - Exigence d'un grief. La fraude-cause de révision étant appréciée au travers du prisme de son résultat, sa simple caractérisation ne permet pas d'obtenir la rétractation du jugement. Encore faut-il que la partie demanderesse à la révision apporte la preuve de la réalisation de plusieurs conditions, dont nous rapprocherons l'ensemble de la notion de grief existante par ailleurs dans l'ordre processuel. Nous établissons cette analogie parce que nous remarquons que ces conditions ont pour unique intérêt de permettre la démonstration de l'atteinte à l'intérêt légitime de la partie qui allègue la fraude du fait

---

[132] Colson R., *Recours en révision*, préc., n° 64 et s., et n° 70 et s.

exclusif de l'action de la partie adverse. Le régime procédural du recours en révision facilite d'autant plus un tel contrôle que l'article 601 du Code de procédure civile prévoit que la décision qui statue sur l'admissibilité du recours se confond avec celle statuant sur le fond.

La première condition tendant à faire reconnaître le grief est commune à l'ensemble des causes d'ouverture du recours en révision : il s'agit de l'impératif établissement du caractère décisif de la cause alléguée[133]. Cette exigence peut être analysée comme celle de la preuve de l'atteinte à l'équité. L'admissibilité de la révision est conditionnée à la certitude que le juge aurait pu trancher différemment s'il avait eu connaissance de la plénitude des faits non-viciés. Une comparaison entre la fraude alléguée et les motifs du jugement critiqué est alors indispensable[134]. Par exception, lorsque la fraude alléguée porte sur une rétention de pièces, la seule forte probabilité du prononcé d'une solution différente si le juge avait eu connaissance de la pièce est suffisante pour faire droit à la révision[135].

La seconde condition peut être considérée comme celle afférente à la causalité du grief. L'atteinte causée à l'intérêt de la partie qui se prévaut de la cause de révision doit pouvoir être imputée exclusivement à la conduite de la partie adverse, et non résulter de sa propre négligence. Cette disposition est parfaitement indépendante de la caractérisation de la fraude, ce qui tend à prouver que ce n'est pas la simple commission de celle-ci qui corrompt le jugement, mais bien le dommage causé par ses conséquences. Ainsi, le dernier alinéa de l'article 595 du Code de procédure civile pose le principe selon lequel la fraude que la partie aurait pu dénoncer lors de l'instance initiale, ou par l'exercice d'une voie de recours suspensive, ne constitue pas une cause de révision, car la partie qui s'est abstenue a alors brisé la causalité entre la fraude et le préjudice à ses droits, et ne peut se prévaloir de sa propre inconséquence. De manière plus spécifique, la rétention d'une pièce par une partie ne saura faire l'objet d'une cause de révision s'il est établi que la partie qui s'en prétend victime aurait pu accéder par ses propres moyens à la pièce, celle-ci étant par ailleurs

[133] Colson R., *Recours en révision*, préc., n° 44 et s.
[134] Cass. civ. 2, 17 mars 1983, n° 82-10.120, Bull. civ. II, n° 83.
[135] Colson R., *Recours en révision*, préc., n° 46.

contenue dans un dépôt public [136]. En l'espèce, même une caractérisation de la fraude par la volonté de nuire de la part de la partie qui a dissimulé une pièce ne suffira pas à couvrir le manque de diligence de la partie adverse.

35 - Nature de la décision viciée. Quelques précisions sont enfin à apporter au sujet des décisions susceptibles de faire l'objet d'un recours en révision. Le caractère universellement corrupteur de la fraude guide le principe d'ouverture du recours en toute matière, établi par la pratique de manière dérogatoire aux dispositions de l'article 580 du Code de procédure civile qui ne permet l'ouverture des voies de recours extraordinaires que dans les cas prévus par la loi[137]. Ainsi, le recours en révision ne souffre pas des limites à l'exercice des voies de recours existant en matière de procédures collectives[138]. L'affirmation de la largeur du périmètre d'exercice de cette technique de critique doit être néanmoins tempérée, du fait des incompatibilités générales existant entre son exercice et certaines natures de décisions[139], ainsi qu'au regard de la présence de quelques particularités, lesquelles circonscrivent le droit du justiciable à faire valoir son intérêt dans l'objectif de préserver d'autres valeurs pratiques ou théoriques.

Ainsi, pour d'évidentes raisons pratiques, la révision ne peut porter sur les chefs d'un jugement de divorce contentieux qui prononcent le divorce, et doit se cantonner à ceux réglant ses conséquences patrimoniales[140]. La même solution a été rejetée par la Cour de cassation en matière de divorce par consentement mutuel du fait de l'indivisibilité entre le prononcé du divorce et la convention homologuée[141], ce qui pose question à une partie de la doctrine, estimant que la fraude pourrait en ces cas constituer une cause de mise à l'écart de l'indivisibilité[142], ce que nous appelons également de nos vœux : il nous semble que d'une part l'intérêt à protéger, attaché aux

[136] Colson R., *Recours en révision*, préc., n° 60.
[137] Colson R., *Recours en révision*, préc., n° 14.
[138] Cass. com., 2 avr. 1996, n° 92-20.728, Bull. civ. IV, n° 107.
[139] Voir *supra*, n° 22 et s.
[140] Cass. civ. 2, 23 oct. 1991, n° 90-10.015, inédit.
[141] Cass. civ. 1, 5 nov. 2008, n° 07-14.439, Bull. civ. I, n° 247.
[142] Colson R., *Recours en révision*, préc., n° 20.

conséquences de la fraude, est supérieur, et que d'autre part, une rupture d'égalité est subie par les époux choisissant la méthode consensuelle de divorce. Une seconde nature de décisions posant problème dans la délimitation du domaine du recours en révision est la matière gracieuse. La révision est la seule des techniques juridiques textuellement[143] listées comme des voies de recours à ne pas être expressément ouverte en la matière, et, en dépit du risque accru de fraude qui s'y attache, la Cour de cassation peine à consacrer son ouverture avec clarté[144]. Il n'y a, là encore, outre la volonté de respecter scrupuleusement un texte anormalement silencieux, que peu de justifications à l'interdiction d'une voie de recours aux indéniables vertus réparatrices d'un véritable préjudice judiciaire qui peut être subi par les parties. La subsistance de telles solutions jurisprudentielles constitue un rappel permanent d'une vérité parfois inconvenante : l'intérêt des parties ne représente pas la seule valeur à protéger dans le bon ordre processuel.

§2. La protection d'un intérêt extérieur au procès

36 - Division. Il est communément accepté, en droit civil, de définir le procès comme la chose des parties. Le caractère relatif de l'autorité de la chose jugée est ainsi un principe processuel qui tend à garantir le respect de la séparation entre l'intérêt des parties qui est tranché par le juge, et tout intérêt tiers. Il est pourtant des situations dans lesquelles la solution trouvée au litige va porter une atteinte à un intérêt qui dépasse celui des parties, atteinte de nature à justifier qu'une exception soit faite à la force de chose jugée. L'objectif de l'exception n'est alors pas de permettre la continuation de la contestation, mais d'en corriger un effet dommageable, qui peut avoir été causé, hypothèse traditionnelle, à un tiers (A), ou, de manière plus exceptionnelle, à l'intérêt du droit (B).

A. La protection des droits du tiers

37 - Nature de la cause de tierce-opposition - Grief. Le Code de procédure civile ne prévoit qu'une technique juridique permettant au tiers d'exercer une critique contre un jugement passé en force de chose jugée, il s'agit de la tierce-opposition. Les dispositions textuelles qui la

[143] Voir *supra*, n° 12.

[144] Colson R., *Recours en révision*, préc., n° 18.

régissent présentent pour remarquable particularité de ne contenir aucune allusion à une quelconque qualification juridique de la cause du recours. Il ne s'agit pas là d'une malfaçon législative, mais d'un élément révélateur de la réalité propre à la tierce-opposition, qui se caractérise par l'absence de conditionnement de l'exercice de celle-ci à la preuve d'une faute de nature quelconque affectant le jugement critiqué. Là est le sens de l'article 583 du Code de procédure civile qui prévoit l'ouverture de cette voie de recours pour « toute personne qui y a intérêt ». Peu importe alors que le jugement attaqué contienne erreur ou non, ou encore ait été rendu sous l'influence déterminante d'une fraude ou non : l'appréciation de l'opportunité de demander correction d'un vice affectant le jugement est la chose des parties. La cause de la tierce-opposition n'est ainsi pas réductible à une ou plusieurs natures de défauts objectivement constatables dans la décision critiquée, elle réside uniquement dans la manifestation de l'atteinte à l'intérêt légitime du tiers qui s'en prévaut, ce qui appelle nécessairement à une appréciation subjective. Il apparaît alors que la tierce-opposition pourrait être qualifiée de voie de recours à cause personnelle, et ce à l'inverse de l'ensemble des techniques de critique d'un jugement qui l'entourent et la complètent dans l'ordre processuel, fondées, elles, sur des causes matérielles. Nous relevons ce qui pourrait être considéré en la matière comme une *summa divisio* qui, ajoutée aux divergences déjà établies entre les fondements objectifs des critiques, tend à démontrer une fois encore la grande variété des causes de recours, variété qui pose indubitablement question sur la pertinence d'une quelconque théorie générale de nature à les unir.

C'est alors dans un souci de qualification et d'établissement de parallélismes entre les recours de causes diverses que nous proposons de poser la dénomination de grief sur la cause de tierce-opposition. Avant tout développement, il convient d'insister sur le fait que dans le présent cas, à l'inverse de la situation qui prévaut en matière de révision [145], le grief n'est pas une condition additionnelle à la caractérisation de la cause du recours pour permettre la mise en œuvre de celui-ci. En revanche, il constitue bien la nature intrinsèque et suffisante de la cause, ce qui justifie un régime d'exercice de la tierce-opposition moins restrictif que celui de mise en œuvre du recours en révision. Il pourrait être ici envisagé que le grief résidât dans l'atteinte

---

[145] Voir *supra*, n° 34.

à un intérêt du tiers-opposant du fait des conséquences, sur sa situation patrimoniale ou extra-patrimoniale, d'une décision rendue entre les parties en sa légitime absence. Consacrer une telle définition reviendrait à confondre la cause du recours, qui est constituée du vice affectant le jugement obligeant par essence le jugement à être corrigé, justifiant dès lors l'ouverture de la voie de recours, avec le préjudice qui en est la conséquence et qu'il relève de l'office du juge d'apprécier et, le cas échéant, de réparer. Une telle confusion amènerait à considérer en la matière que la seule conséquence dommageable d'un jugement sur un tiers est réparable, ce qui donnerait lieu un droit général à ne pas subir l'aléa judiciaire d'autrui. Il nous semble que là n'est pas l'intention du texte, et que le grief n'est en réalité pas constitué par la simple conséquence du jugement critiqué, mais du fait que la décision qui a été rendue l'a été sans possibilité pour le tiers de faire entendre une défense de ses intérêts. Dès lors, l'hypothèse d'une manifestation dans la tierce-opposition d'un droit substantiel du tiers à obtenir, dans une contestation qui oppose deux intérêts qui lui sont extérieurs, un résultat protecteur de son propre intérêt, est non avenue. Le seul droit adoubé par l'existence du mécanisme de tierce-opposition est un droit procédural, qui apparaît comme étant fondé sur le respect du contradictoire et du droit d'accès au juge, à charge ensuite pour le tiers déclaré recevable dans son recours d'exercer une critique effective de la décision[146], fondée sur tous les moyens qu'il aurait pu invoquer s'il avait été appelé [147]. C'est dès lors en toute logique que le lien terminologique entre la tierce-opposition et l'opposition prend son sens, et se justifie au mépris de l'extrême disparité entre les régimes procéduraux de ces deux voies de recours.

Étant établi que la tierce-opposition est un recours à cause personnelle émanant d'une atteinte subjective aux droits du tiers, il est naturel que le Code de procédure civile n'en définisse les modalités de mise en œuvre que par le prisme des conditions de recevabilité de l'action de ce tiers. La mise en place de telles conditions, indépendantes du grief, est parfaitement légitime eu égard au fait que, si la règle générale est que l'effet de la tierce-opposition n'anéantisse pas les effets de la décision attaquée entre les parties, il n'en demeure pas moins que l'inopposabilité d'une décision à l'égard d'un tiers peut s'avérer lourde

[146] Cass. civ. 2, 26 nov. 1965, n° 62 - 11.954, Bull. civ. II, n° 954.
[147] Cass. civ. 1, 16 janv. 1967, n° 64-11.566, Bull. civ. I, n° 22.

de conséquences dans les rapports juridiques, et une délimitation des situations dans lesquelles le recours est recevable est alors indispensable. Se déduit ainsi de l'article 583 de ce code que le tiers-opposant doit remplir deux conditions, empruntées au droit commun de l'action en justice : avoir intérêt à agir, ce qui saurait être considéré comme la condition personnelle, et qualité pour agir, condition se référant à des exigences textuelles.

38 - Condition personnelle. L'intérêt à agir-condition d'exercice de la tierce-opposition ne diffère pas de l'intérêt à agir entendu comme condition générale de recevabilité en ce qu'il doit être légitime, né et actuel[148]. Sa qualification est cependant plus exigeante, puisque c'est dans l'intérêt à agir que se trouve la cause subjective d'ouverture de la tierce-opposition. Ainsi, l'intérêt à agir réside dans un préjudice, qui doit être matérialisé[149] par une atteinte à la situation patrimoniale[150] ou extra-patrimoniale [151] du tiers, indépendamment du fait que le jugement ait statué ou non sur les droits et obligations du tiers[152]. L'intérêt à agir est, en principe, général, ce qui concorde avec la règle d'ouverture de la tierce-opposition en toute matière, mais il peut arriver, en matière d'actions attitrées, que celui-ci se confonde avec la condition de qualité, et l'action n'est alors ouverte qu'aux personnes expressément visées par un texte[153].

L'appréciation du préjudice qui fonde l'intérêt à agir est en outre l'un des fondements sous-jacents au rejet doctrinal de la théorie, longtemps prévalante, selon laquelle les jugements constitutifs d'état, considérés comme ayant autorité absolue de la chose jugée, n'étaient pas susceptibles de tierce-opposition. Une telle solution s'avérait inique eu égard au possible effet considérablement préjudiciable de telles décisions sur la situation du tiers, ainsi que, le cas échéant, de l'impossibilité pour lui d'exercer une fin de non-recevoir liée à la relativité de l'autorité de la chose jugée si une telle décision lui était

---

[148] Fricero N., *Tierce-opposition*, préc., n° 111 et n° 112.
[149] *Ibidem*, n° 116.
[150] *Ibidem*, n° 120.
[151] Fricero N., *Tierce-opposition*, préc., n° 121.
[152] *Ibidem*, n° 115.
[153] Guinchard S. et alii., *Procédure civile*, op. cit., n° 1272.

opposée au cours d'une instance. La caractérisation d'un intérêt à agir semblait alors supérieure à l'intérêt de cette solution, fondée au demeurant sur une confusion entre autorité de chose jugée et force de vérité légale[154], ce qui a donné lieu à un assouplissement de la jurisprudence[155].

39 - Condition textuelle. Une fois l'atteinte personnelle qui fonde le recours trouvé dans l'intérêt à agir, qui constitue le pôle subjectif des conditions de recevabilité de la tierce-opposition, il est encore nécessaire de vérifier que celui qui s'en prévaut est bien le tiers visé par le Code de procédure civile, ce qui va donner lieu à une qualification objective. La détermination de la qualité pour agir du tiers-opposant procède de la définition textuelle du tiers comme la personne qui n'a « été ni partie ni représentée au jugement qu'elle attaque », ce qui la soumet à la réalisation d'une double condition négative.

Selon la lecture traditionnellement faite du texte, il est requis que le tiers-opposant ne doive tout d'abord pas avoir été partie au procès[156]. Au-delà de la caractéristique commune d'une partie, définie comme « toute personne qui dans l'instance soit comme demandeur, soit comme défendeur, soit comme intervenant »[157], il existe des situations voisines dans lesquelles un intervenant au procès qui ne saurait être qualifié de partie ne jouit pas non-plus la qualité de tiers. Cette qualité se perd en effet de manière plus large, dès que la personne qui s'en prévaut a participé ou concouru à l'instance critiquée à titre actif, notamment en tant qu'organe juridictionnel ou auxiliaire de justice.

C'est bien cette ligne directrice tacite qui se dégage de la jurisprudence. La tierce-opposition du juge de première instance contre l'arrêt de la Cour d'appel réformant sa décision n'est ainsi pas admise[158], ce qui se conçoit d'autant mieux que d'une part, le contraire eut été attentatoire à l'ordre processuel et à la hiérarchie des juridictions, et que, d'autre part, il est difficile d'envisager les modalités

---

[154] *Ibidem*, n° 1274.

[155] Fricero N., *Tierce-opposition*, préc., n° 33 et s.

[156] Guinchard S. et alii., *Procédure civile*, op. cit., n° 1272.

[157] Cornu G., *Vocabulaire juridique*, op. cit., V° Partie.

[158] Cass. civ. 2, 7 juin 1989, n° 88-11.141, Bull. civ. II, n° 125.

d'une inopposabilité au premier juge de la décision rendue sur appel. Le caractère flagrant de l'abus qu'aurait autorisé l'ouverture d'une telle possibilité de recours est moins manifeste dans la situation des auxiliaires de justice, à qui la même solution s'applique néanmoins. Ainsi, l'expert judiciaire n'est pas recevable à former une tierce-opposition, même contre l'ordonnance qui le révoque, du simple fait de son statut d'auxiliaire de justice[159]. Là encore, il nous semble s'agir tout autant d'une préservation de la bonne administration de la justice que de l'évitement d'une difficile question que poseraient les conséquences du prononcé de l'inopposabilité à l'expert de sa propre révocation. La situation de l'Huissier de justice appelle une réponse plus nuancée. Il apparaît en effet que les juridictions du fond ont pu lui reconnaître la qualité pour agir lorsqu'une décision est défavorable à une partie au motif de l'irrégularité de son acte[160], tandis que la Cour de cassation a récemment déclaré irrecevable la tierce-opposition formée par l'Huissier de justice, mais sur le fondement du défaut d'intérêt à agir[161]. Nulle source textuelle n'interdit la tierce-opposition du Ministère Public[162], bien que celle-ci soit délaissée par la pratique, en revanche, la présence du Ministère Public à l'instance interdit la tierce-opposition de tout autre organe de l'État[163]. De manière plus consensuelle, n'est pas tiers celui qui a été présent à l'instance au titre d'un mandat *ad litem*[164], tandis que le jeu de la clause de direction de procès prive l'assureur de cette qualité[165].

Le second critère conditionnant l'accès à la qualité de tiers est celui de la non-représentation à l'instance qui a donné lieu au jugement attaqué. Cette exigence, cumulative avec celle d'absence de qualité de partie[166], se conçoit aisément : tout comme le plaideur, la personne qui a été représentée a pu faire valoir ses intérêts, et ne peut exciper un grief.

---

[159] Cass. civ. 2, 24 juin 2004, n° 02-10.200, Bull. civ. II, n° 314.
[160] TI Marvejols, 23 Août 1962, RTD civ. 1963. 165, obs. Raynaud.
[161] Cass. civ. 2, 23 sept. 2010, n° 09-16.135, inédit.
[162] Fricero N., *Tierce-opposition*, préc., n° 63.
[163] Cass. civ. 2, 5 févr. 2009, n° 08-10.717, Bull. civ. II, n° 39.
[164] Fricero N., *Tierce-opposition et procédures collectives*, PA 28 nov. 2008 p. 26.
[165] Guinchard S. et alii., *Procédure civile*, op. cit., n° 1272 ; Fricero N., *Tierce-opposition*, préc., n° 81.
[166] Cass. civ. 2, 9 juil. 2009, n° 08-16.513, inédit.

Il s'agit là d'une loi d'airain qui ne peut être infléchie qu'en cas de fraude du représentant, ou d'allégation d'un moyen propre au représenté. À défaut d'apporter la preuve de l'une de ces situations, le créancier d'une partie est réputé représenté[167]. L'exception en cas de fraude se justifie par l'adage selon lequel la fraude corrompt tout, et le lien de représentation n'échappe pas à cet effet rédhibitoire[168]. La fraude aux droits du représenté commise par le représentant est à l'origine d'un droit propre à former une tierce-opposition pour le représenté qui s'en prévaut et en apporte la preuve[169]. L'article 583 du Code de procédure civile prévoit en outre l'ouverture du recours dans la situation dans laquelle le représenté est en mesure d'invoquer un moyen personnel, moyen qu'il était impossible au représentant d'invoquer en son nom, quelle que soit la nature du lien de représentation. Finalement, il apparaît que les exceptions de fraude et d'allégation d'un moyen propre demeurent d'application réduite, c'est pourquoi le contentieux relatif à la représentation est développé en matière de procédures collectives.

40 - Condition incidente d'effectivité de la représentation. Il est dans l'intérêt de certaines personnes, en situation de procédure collective, matière caractérisée par la gravité des effets des jugements et la restriction des possibilités de recours, de parvenir à prouver une absence de représentation par la société ou les organes de la procédure, afin de faire valoir leurs droits par l'exercice d'une tierce-opposition. Une instrumentalisation de la condition textuelle à cet effet a pu être constatée, ce qui permet de dégager l'émergence d'une condition qui lui est complémentaire et va permettre de la retenir, il s'agit de l'effectivité de la représentation.

Au préalable, dans l'objectif de protéger l'associé indéfiniment responsable d'une société de personnes, la chambre commerciale de la Cour de cassation a jugé que la fermeture de la tierce-opposition à l'associé, au motif qu'il aurait été représenté par la société à l'instance, constituait une atteinte substantielle au droit d'accès au juge[170]. L'arrêt est sujet à critiques, semblant ouvrir la voie à une remise

---

[167] Cass. com., 29 nov. 1982, n° 80-41.157, Bull. civ. IV, n° 380

[168] Guinchard S. et alii., *Procédure civile*, op. cit., n° 1272.

[169] Fricero N., *Tierce-opposition*, préc., n° 97 et n° 98.

[170] Cass. com., 13 juin 2006, n° 05-12.748, inédit.

en cause du principe même de représentation de l'associé par la société, quelle que soit la forme de celle-ci. Il est ainsi apparu qu'une solution d'espèce, retenant l'absence de représentation au jugement d'ouverture de la procédure collective, ou encore l'absence d'intérêt né et actuel de l'associé à agir contre le jugement d'ouverture, aurait pu être préférable[171]. La solution est d'autant plus contestable que son caractère libéral s'inscrit mal dans le cadre de la circonscription rigoureuse des conditions de recevabilité de la tierce-opposition en matière de procédures collectives, alors même que la représentation en la matière peut se déduire de la simple communauté d'intérêt entre l'étranger et une partie[172]. Cette rigueur n'est néanmoins pas absolue, ainsi l'arrêt *Eurotunnel* rendu par la Cour de cassation a posé un principe selon lequel le créancier chirographaire ne doit se voir opposer l'irrecevabilité de la tierce-opposition pour cause de représentation que lorsqu'il souhaite la former contre une décision postérieure au jugement d'ouverture nommant le mandataire judiciaire[173]. Faut-il déduire de la tendance jurisprudentielle une libéralisation des conditions d'ouverture de la tierce-opposition en matière de procédures collectives ? Il nous semble qu'il ne s'agit là que d'un équilibrage des conditions d'exercice de la voie de recours, centré sur l'appréciation du grief par l'atteinte aux droits procéduraux qui résulte d'une représentation non-effective. La communauté d'intérêts est ainsi une réalité à vérifier.

Qu'en est-il ensuite de la situation du dirigeant de société, qui, à l'époque du jugement attaqué avait déposé une démission qui n'avait pas encore fait l'objet d'une publicité légale ? La précarité de la situation de l'associé n'occulte en effet pas les difficultés que peut présenter celle du dirigeant, et la Cour de cassation a choisi d'apporter à cette problématique une réponse pragmatique, qui pose encore comme condition à la qualification d'un lien de représentation que celui-ci soit réel et effectif. Ainsi, viole l'article 583 du Code de procédure civile la décision qui refuse de traiter le dirigeant démissionnaire comme un

[171] Fricero N., *Tierce-opposition et procédures collectives*, préc.
[172] *Ibidem.*
[173] Cass. com., *Eurotunnel*, 30 juin 2009, n° 08-11.902, Bull. civ. IV, n° 88.

tiers, peu importe l'accomplissement des formalités de publicité de cette démission[174].

Il convient d'étudier enfin le régime qui encadre la situation des co-obligés. Le principe historiquement en vigueur est celui de la représentation mutuelle des co-obligés en l'absence de fraude ou d'invocation d'un moyen propre à la caution[175]. Une telle solution se fonde sur la considération d'une communauté d'intérêt entre le débiteur principal et sa caution, ce qui peut néanmoins être considéré comme une fiction de nature à priver la seconde de son droit d'accès au juge. La question de la conformité aux droits fondamentaux d'une telle possibilité pour la caution de subir les effets d'un jugement dans lesquels ses intérêts auraient pu être mal défendus se pose inévitablement. Un arrêt rendu par la Cour de cassation abonde dans le sens d'une violation des droits de la caution, mais ce revirement semble se circonscrire à la situation particulière de l'arbitrage, dans laquelle l'intervention du tiers à l'instance n'est pas possible[176]. L'élargissement des possibilités offertes au tiers de faire valoir ses droits, y compris en faisant échec aux dispositions du régime très dérogatoire des procédures collectives, laisse entrevoir l'importance que peut prendre la sauvegarde d'un intérêt extérieur au procès. Mais si l'intérêt que peut avoir un tiers à faire échec aux dispositions d'un jugement est aisé à concevoir, qu'en est-il de l'intérêt, moins tangible, du droit ?

B. La protection de l'intérêt du droit

41 - Définition - Enjeu. Aux dispositifs de recours visant à permettre à une partie de poursuivre le litige malgré son accession à la force de chose jugée, et à celui autorisant le tiers à faire valoir son intérêt légitime qui n'aurait pas été entendu au cours de l'instance attaquée, s'ajoute une autre catégorie de techniques de critique d'une décision de justice passée en force de chose jugée. Il s'agit des techniques tendant à protéger le seul intérêt du droit, dans le sens où

[174] Dondero B., « La tierce-opposition du dirigeant démissionnaire », Gaz. Pal. 28 juil. 2015 p. 21.
Application jurisprudentielle : Cass. com., 12 mai 2015, n° 14-12.483, publié au Bulletin civil.

[175] Borga N., *La tierce-opposition au secours de la caution*, BJE 1er juil. 2015, p. 238.

[176] Cass. com., 5 mai 2015, n° 14-16.644, publié au Bulletin civil.

elles ont pour objectif commun de remettre en cause, relativement aux parties ou non, la décision ou l'acte judiciaire attaqué du fait de la violation apparente d'une valeur juridique à protéger, et ce aux fins de rétablir la solution respectueuse de l'ordre public. Cette critique s'exerce par le truchement de régimes particuliers de pourvoi en cassation, regroupés habituellement sous la dénomination de pourvois du procureur général près la Cour de cassation. Nous indiquons au demeurant que cette terminologie nous semble inadaptée, puisqu'elle est de nature à entraîner des confusions avec d'autres possibilités de pourvoi en cassation ouvertes au Ministère Public lorsqu'il est partie, ou dans les hypothèses particulières du droit des procédures collectives. Il serait à notre sens plus exact de regrouper les deux pourvois étudiés sous le nom de pourvois attitrés du procureur général près la Cour de cassation, ou encore de pourvois du procureur général près la Cour de cassation à cause de violation du droit.

Des caractéristiques communes aux pourvois spéciaux ainsi délimités peuvent être relevées. Ainsi, ces deux outils représentent des techniques de critique d'une décision judiciaire tout à fait singulières, puisqu'elles sauraient être qualifiées de verticales. Les méthodes précédemment étudiées étaient caractérisées par une horizontalité des rapports juridiques, elles ne pouvaient être exercées que par les parties au procès ou par des tiers intéressés, sujets de droit se trouvant dans une situation d'égalité face aux effets de la décision attaquée. Les pourvois attitrés du procureur général près la Cour de cassation sont quant à eux imposés de manière autoritaire sur la décision qu'ils visent à remettre en cause, par un organe étatique exerçant une prérogative de puissance publique. Cette inversion du lien juridique traditionnel qui existe en matière de recours et, de manière plus large, caractérise la procédure civile, n'est possible que dans une logique d'exception. Il convient à cet égard de remarquer que les dispositions relatives à ces deux pourvois contenues dans la loi du 3 juillet 1967 n'ont pas fait l'objet d'une codification dans le Code de procédure civile, alors même qu'il eut été aisé de l'effectuer lors de la refonte de celui-ci en 1975. Sans prendre grand risque de verser dans une sur-interprétation des intentions du législateur, ceci peut être analysé comme une volonté d'en préserver le caractère dérogatoire, voire d'extraire les pourvois du procureur général près la Cour de cassation à cause de violation du droit du champ même de la procédure civile, avec les principes de laquelle ils sont en contradiction, pour consacrer leur caractère dérogatoire.

L'existence de dispositifs tendant à attaquer une décision juridictionnelle dans l'intérêt du droit peut surprendre. Quel que soit le vice affectant une décision, si celle-ci a satisfait les parties qui n'ont pas jugé utile d'exercer l'une des techniques de critique à leur disposition, et si nul tiers n'estime que les conditions dans laquelle elle a été rendue lui ont fait grief, il semblerait raisonnable de s'en tenir au principe directeur du procès civil selon lequel la conduite de celui-ci appartient aux parties qu'il oppose. Rien ne permet de prime abord de justifier la remise en cause, indépendante de la volonté des parties, d'une décision critiquable, dans la mesure où nul autre qu'elles n'a à souffrir des conséquences patrimoniales ou extra-patrimoniales induites. C'est pourtant un raisonnement différent qu'a eu le législateur en rédigeant la loi du 3 juillet 1967 qui institue deux possibilités de pourvoi du procureur général près la Cour de cassation contre des décisions violant la loi ou caractérisées par un excès de pouvoir[177]. Ainsi, il peut être trouvé de commun aux causes des deux pourvois qu'elles se fondent sur la suspicion d'un vice affectant le jugement, une faute dans l'accomplissement de la fonction juridictionnelle, et non sur un simple résultat objectif, puisque celui-ci procède par essence d'une telle faute. La distinction entre les deux pourvois dans la tentative de qualification de leur cause est essentielle, car celle-ci est en réalité plurielle, du fait de la divergence entre leurs fondements.

42 - Cause du pourvoi dans l'intérêt de la loi. Le pourvoi dans l'intérêt de la loi se forme, à la lettre de l'article 17 de la loi du 3 juillet 1967, contre le jugement qui apparaît « contraire aux lois, aux règlements ou aux formes de procéder ». Il émane du texte que respect de la loi et du bien-juger est ici la valeur à protéger à l'origine de la mise en place de la technique de critique, dans ce qui est défini comme un « pourvoi pour l'honneur des principes »[178]. Il nous apparaît toutefois que la justification de l'existence du pourvoi dans l'intérêt de la loi résulte surtout de considérations très pragmatiques. Sa formation est ainsi conditionnée à la constatation d'un élément intellectuel relatif à la décision ainsi que d'un élément factuel déduit du comportement des parties. L'élément intellectuel réside dans l'apparence d'une erreur d'application de la norme par la juridiction. Il s'agit d'une erreur

[177] Loi n° 67-523 du 3 juil. 1967.

[178] Guinchard S. et alii., *Procédure civile*, op. cit., n° 1304.

simplement putative, puisqu'il appartiendra aux magistrats composant la chambre saisie de la Cour de cassation de déterminer son caractère illicite ou non, mais elle n'en est pas moins une erreur effective, puisqu'elle ne peut porter sur le dispositif du jugement critiqué[179]. L'élément factuel est en réalité la condition déterminante à la possibilité pour le Ministère Public d'exercer son pourvoi. Il se caractérise par la volonté des parties de faire subsister cette décision manifestement viciée, et transparaît de leur abstention d'exercer une voie de recours dans les délais impartis ou de l'exécution volontaire de la décision attaquée.

La cause du recours réside en fait dans la certitude de la subsistance dans l'ordre juridique d'une décision manifestement illicite qui présente un risque de faire jurisprudence. Conscient du rôle de source matérielle du droit détenu par la jurisprudence, le législateur met en conséquence en place un mécanisme de correction préventive de celle-ci. Le pourvoi dans l'intérêt de la loi ne s'analyse finalement pas comme une technique de critique de la décision en elle-même, mais seulement de sa portée normative[180]. Il constitue la voie qui tend à corriger l'application fausse d'une norme pour éviter la dénaturation générale de celle-ci. Est-il alors légitime de désigner le pourvoi dans l'intérêt de la loi comme une voie tendant à protéger le droit ? Il nous semble que sa nature pourrait être rapprochée de la défense d'un intérêt personnel, entendu comme l'intérêt éventuel du tiers qui pourrait un jour subir les conséquences d'une mauvaise application de la règle, du fait de la force normative qu'aura pu prendre la première interprétation erronée de celle-ci. L'effet relatif accordé en France à la chose jugée ne peut en effet occulter la place accordée par la pratique juridique aux précédents, qui, bien qu'ils ne lient pas le juge, orientent souvent conclusions et décisions. Il serait alors regrettable de laisser s'inscrire dans l'ordre normatif matériel un précédent manifestement illégal et de nature à induire en erreur des décisions ultérieures. La cause du pourvoi dans l'intérêt de la loi saura alors être qualifiée *in fine* de cause extrinsèque à la violation du droit qui la fonde.

---

[179] Cayrol N., *Action en justice*, Rép. proc. civile Dalloz, mars 2013, actu. janvier 2016, n° 431.
[180] Bouty C., *Chose jugée*, préc., n° 101.

43 - Cause du pourvoi pour excès de pouvoir. La situation est différente en matière de pourvoi pour excès de pouvoir. La décision ici critiquée ne porte pas de risque d'atteinte à la légalité abstraite, puisque l'excès de pouvoir du juge n'a atteint que les situations individuelles. Il nous semble que, dans la quête de l'appréhension de ce qui justifie une telle prérogative, la comparaison avec la notion de bien juridique protégé[181], propre à certains systèmes juridiques étrangers[182], peut se révéler topique. Il semble en effet que la procédure n'ait pour unique objectif que la préservation, quelles qu'en soient les conséquences sur la situation juridique, du principe à valeur constitutionnelle de séparation des pouvoirs, car l'excès de pouvoir désigne en substance une atteinte positive ou négative à cette disposition de la Déclaration des droits de l'Homme et du Citoyen[183], lorsque le juge s'arroge un pouvoir qui n'est pas le sien. Nous pouvons affirmer en conséquence que la loi conçoit cette règle comme un bien juridique nécessitant une protection *sui generis*, indépendamment de toute considération extérieure, à l'exemple du risque présenté par sa violation d'influencer l'ordre juridique futur. La nécessité d'assurer le respect à tout instant - et à toute instance - de cette valeur fondamentale de notre système juridique apparaît alors comme la cause du pourvoi pour excès de pouvoir et, de fait, constitue une cause intrinsèque à la violation alléguée du droit. Il convient toutefois de rappeler que, à l'instar du fait générateur du pourvoi dans l'intérêt de la loi, cette violation n'est qu'apparente puisqu'il appartient au juge de cassation de la caractériser ou non. La gravité de la cause d'excès de pouvoir est telle que le texte n'a pas restreint la possibilité de formation du pourvoi contre les seules décisions du juge, ce qui permet d'envisager la formation d'un tel pourvoi contre tout acte de procédure, y compris une mesure d'administration judiciaire[184], dérogeant de ce fait à la fois à la règle qui fixe l'insusceptibilité de recours de celles-ci.

---

[181] Voir, au sujet de l'emploi de la notion de bien juridique protégé : Lacaze M., *Réflexions sur le concept de bien juridique protégé par le droit pénal*, thèse Montpellier, 2011.

[182] Notamment dans les vocabulaires juridiques allemand et italien.

[183] Fricero N., *L'excès de pouvoir en procédure civile*, RGDP 1998, n° 27, p. 35.

[184] Guinchard S. et alii., *Procédure civile*, op. cit., n° 1304.

44 - Titularité des pourvois. Les deux pourvois étudiés partagent comme caractéristique commune que l'initiative de leur exercice ne relève pas de la compétence de tout parquet, mais s'attache exclusivement au procureur général près la Cour de cassation, ce qui renforce leur caractère vertical. Non-seulement émanent-ils d'une autorité étatique, mais, qui plus est, d'une autorité rattachée à la plus haute juridiction de l'ordre judiciaire français, qui n'a, par essence, pas pu être partie ou connaître de l'instance qu'elle attaque. Néanmoins, alors que l'exercice de cette faculté par son titulaire est spontané dans le cadre du pourvoi dans l'intérêt de la loi[185], il est, en matière d'excès de pouvoir, une compétence liée du procureur général près la Cour de cassation, qui ne peut l'exercer, aux termes de l'article 18 de la loi du 3 juillet 1967, que sur prescription du garde des Sceaux, ce qui ajoute une dimension politique à la protection de la séparation des pouvoirs. Il s'agit là d'une condition relative au titulaire de l'action qui n'est pas sans conséquence, puisqu'elle fait apparaître l'exercice du recours comme un acte administratif.

Ainsi, les juridictions administratives ont eu à trancher sur le caractère discrétionnaire ou non de la formation du pourvoi dans l'intérêt de la loi. Le Conseil d'État a déclaré son incompétence pour connaître de la légalité de l'application - ou, en l'espèce, de la non-application - de l'article 17 de la loi du 3 juillet 1967 par le procureur général près la Cour de cassation[186]. Cette décision est heureuse, d'autant plus qu'en l'espèce, le requérant était un tiers à l'instance qui cherchait manifestement à obtenir un avantage personnel de la mise en œuvre du pourvoi dans l'intérêt de la loi[187]. Peut-on imaginer tirer une conséquence du rôle différent du procureur général en matière de pourvoi pour excès de pouvoir, et imaginer une solution inverse contre la décision du Ministre de la Justice qui enjoint le procureur général d'exercer un pourvoi pour excès de pouvoir ? Il est probable que, du fait de la rareté de ce contentieux, nul juge administratif n'ait un jour à apporter de réponse. Il nous semble cependant qu'en une telle hypothèse, le recours devrait être admis, eu égard d'une part à ses effets

---

[185] *Ibidem*, n° 1304.

[186] CE, 11 juil. 1991, n° 111119, inédit au recueil Lebon.

[187] Julien P., « La juridiction administrative ne peut statuer sur la légalité des décisions prises par le procureur général près la Cour de cassation et relatives à l'exercice du pourvoi dans l'intérêt de la loi », D. 1992, p. 122.

autrement plus préjudiciables à l'intérêt des parties, et d'autre part à la tendance à l'affaiblissement général de la théorie des actes de gouvernement insusceptibles de recours en droit administratif.

45 - Sécurité juridique. La nature même des pourvois attitrés du procureur général près la Cour de cassation peut poser la question de leur conformité aux droits fondamentaux, et notamment à l'impératif de sécurité juridique qui procède du droit à un procès équitable. Sous réserve, et uniquement en matière de pourvoi dans l'intérêt de la loi, d'expiration du délai de report du recours[188], les pourvois étudiés permettent, sans limite de délai, une remise en cause à tout moment de la décision pourtant irrévocable[189]. Il n'y a néanmoins pas lieu de s'inquiéter de la violation d'un droit procédural en matière de pourvoi dans l'intérêt de la loi, puisque la grande singularité du pourvoi dans l'intérêt de la loi est que celui-ci ne remet pas en cause la décision relativement à ses parties, l'article 17 de la loi du 3 juillet 1967 disposant que les parties ne peuvent se prévaloir de la cassation éventuelle. Il ne porte dès lors atteinte à l'autorité de la chose jugée ni entre elles, ni à l'égard des tiers[190]. En revanche, la situation du pourvoi pour excès de pouvoir est autrement plus problématique, puisque celui-ci est de nature à anéantir substantiellement l'autorité de la chose jugée et les effets de la décision attaquée.

La rareté du contentieux ne semble en effet que différer la constatation d'une violation de l'article 6 § 1er de la Convention européenne de sauvegarde des droits de l'Homme et des libertés fondamentales, l'arrêt *Brumarescu c. Roumanie* en date du 28 octobre 1999[191] rendu par la Cour européenne des droits de l'Homme ayant reconnu que l'anéantissement d'une décision devenue irrévocable était de nature à violer le droit à un procès équitable. En l'espèce, la décision nationale déférée avait été rendue au terme d'une procédure particulièrement similaire au pourvoi pour excès de pouvoir du droit français, ce qui laisse supposer que cette technique de critique d'une décision irrévocable ne respecte pas les conditions de l'ingérence des

---

[188] Voir *infra*, n° 66.
[189] Guinchard S. et alii., *Procédure civile*, op. cit., n° 1304.
[190] Bouty C., *Chose jugée*, préc., n° 101.
[191] CEDH, « *Brumarescu c. Roumanie* », 28 oct. 1999, préc.

états dans un droit conditionnel. D'aucuns suggèrent que l'adjonction de délais d'exercice du pourvoi serait suffisante pour garantir une conformité de l'article 18 de la loi du 3 juillet 1967 avec cette exigence[192]. Il nous semble néanmoins que nulle réponse ne peut être apportée avant d'avoir effectué une analyse en profondeur des conditions d'exercice du pourvoi pour excès de pouvoir, analyse devant être faite au regard de la prédominance, consacrée par l'arrêt *Brumarescu*, de l'effectivité de la chose jugée, qui constitue la première ligne de force se dégageant de l'ensemble des recours étudiés.

Si un régime général unissant les techniques de critique d'une décision dite définitive émerge en dépit de leurs fondements d'une grande variété, il doit avant tout son existence au caractère commun à l'ensemble de ces procédures qu'est leur situation à l'intersection entre deux droits fondamentaux conditionnels et difficilement conciliables : le droit d'accès au juge et le droit à la sécurité juridique.

---

[192] Guinchard S. et alii., *Procédure civile*, op. cit., n° 1304.

CHAPITRE II : LE PERCEPTIBLE RÉGIME GÉNÉRAL

46 - Division. L'impossibilité d'affirmer l'existence d'une théorie générale des méthodes de critique d'une décision dite définitive n'empêche pas d'entrevoir, dans une construction résultant des textes, des pratiques et d'une jurisprudence souvent peu abondante mais parfois audacieuse, l'établissement d'un régime général de critique des décisions dites définitives. Il apparaît que ce régime gagnerait à être rationalisé, ce qui sera le sens de notre étude, qui répondra également à la question du « comment ? ». Ce régime se caractérise tout d'abord par la difficulté à affirmer l'existence d'un véritable droit à la critique d'une décision passée en force de chose jugée, au cœur d'un conflit entre plusieurs droits fondamentaux, bien que cette affirmation doit être tempérée par le constat de l'existence de dispositifs visant à garantir l'effectivité de ce droit là où il est présent (Section 1). Le caractère tout relatif du droit à la critique ne peut néanmoins pas être éludé, du fait de son influence déterminante sur la définition du régime procédural des techniques de critique ouvertes, nonobstant leur efficacité indéniable (Section 2).

Section 1. La délicate affirmation d'un droit à la critique

47 - Division. La pérennité des décisions de justice constitue un principe heureux, et nul n'en conteste l'utilité aussi bien pour l'intérêt des parties que pour une bonne administration de la justice. Quel serait l'intérêt pour le plaideur d'abdiquer la mise en œuvre de ses droits à l'autorité judiciaire, si jamais celle-ci ne parvenait à lui proposer de solution qui soit définitive ? Quel système judiciaire pourrait se permettre, sans frôler l'asphyxie, d'examiner recours sur recours, année après année, les mêmes affaires dont les plaideurs ne parviendraient à se détacher ? La force attachée à la chose jugée est ici le repère cardinal, et la possibilité de la contester demeure l'exception (§ 1er). Il n'en demeure pas moins que, dans la réserve de l'abus, tout droit déclaré est dû, et l'exception, là où elle se manifeste, doit pouvoir s'exercer sans entrave, ce qui explique l'existence de mécanismes visant à la garantir (§2).

§ 1er. L'effectivité primordiale de la force de chose jugée

48 - Division. L'appréhension d'un régime général de la critique d'une décision passée en force de chose jugée ne peut se faire qu'après une pondération des principes qui dirigent le droit positif pertinent. Il apparaît qu'en la matière, la clef de compréhension se trouve dans l'appréciation de l'intérêt attaché au respect de la chose jugée, et, de fait, à la pérennité des décisions de justice, dans une perspective de garantie de la sécurité juridique par le truchement de la chose jugée (A). En conséquence, la critique de la décision dite définitive s'exerce selon un régime dérogatoire au sein duquel la chose jugée va être ménagée tant que faire se peut (B).

A. La garantie de principe de la chose jugée

49 - Chose jugée - Potentialité d'irrévocabilité - Garantie générale. Démontrer que l'architecture de l'ordre processuel tend à garantir la pérennité de la décision qui constitue une chose jugée impose tout d'abord de réfléchir à la délimitation de la notion de chose jugée et à son intérêt. Le concept de chose jugée est quelque peu inhabituel, puisqu'il n'est jamais cité en tant que tel par le Code de procédure civile, mais toujours abordé au travers de l'une de ses deux manifestations : l'autorité et la force de chose jugée. Le terme seul de chose jugée est avant tout relatif au contenu du jugement[193], ainsi, selon Cornu, la chose jugée désigne « ce qui a été tranché par le juge pour mettre fin à une contestation »[194]. Il a été alors proposé de renforcer la distinction entre la chose jugée et l'autorité qui en découle en rapprochant la première de la notion d'efficacité substantielle, qui emporte « modification de la situation de droit substantiel des parties » [195] et modification de l'ordonnancement juridique [196]. La doctrine a de plus distingué deux effets afférents à l'efficacité substantielle, l'effet constitutif et l'effet novateur. Le premier réside dans la modification substantielle du droit des parties et le second dans la substitution du jugement, application concrète du droit, à l'ordre abstrait de la loi[197]. Nous retiendrons cette définition de la chose jugée, car elle est d'autant plus pertinente qu'elle contient en elle-même une explication de la nécessité de préserver l'effectivité de la chose jugée. En effet, la double modification de l'ordre juridique émanant de la chose jugée implique d'être pérenne pour être efficace, car, à défaut, aucune situation juridique ne pourrait être parée d'un semblant de stabilité.

Notre avis est néanmoins que, outre l'efficacité substantielle, la chose jugée recouvre également une réalité processuelle unique, qui est identique qu'elle soit exprimée dans l'autorité ou dans la force de chose jugée. Cette réalité n'est pas construite en opposition avec la notion d'efficacité substantielle, mais en représente la mise en œuvre par opposabilité procédurale. La chose qui a été tranchée par le juge pour mettre fin à une contestation doit, pour garantir la substantialité de ses effets, être parée d'une potentialité d'irrévocabilité. Partant, autorité et force de chose jugée ne sont pas d'une nature différente de la chose jugée elle-même, et ne représentent que des gradations dans la potentialité d'irrévocabilité attachée à celle-ci. Ainsi, l'autorité de la chose jugée, premier échelon de cette potentialité, est pourvue de mécanismes tendant à assurer une garantie générale de la chose jugée, plus aisément mise en échec que la garantie spéciale acquise par le

---

[193] Bouty C., *Chose jugée*, préc., n° 18.
[194] Cornu G., *Vocabulaire juridique*, op. cit., V° Chose jugée.
[195] Héron J. et Le Bars Th., *Droit judiciaire privé*, 4e éd., 2010, Montchrestien, n° 324.
[196] Bouty C., *Chose jugée*, préc., n° 20.
[197] *Ibidem*, n° 22.

passage en force de chose jugée, marqué par une potentialité d'irrévocabilité plus importante.

La chose jugée s'appréhende tout d'abord au regard de l'autorité qui lui est attachée, et ce, aussi bien dans un ordre processuel, puisqu'il s'agit du premier effet qui est attaché au jugement dès que celui-ci est rendu, que dans la classification intellectuelle, eu égard au fait que l'autorité de la chose jugée constitue le point de départ, ainsi que l'intensité la moins élevée, d'une présomption de régularité et de validité attachée au jugement[198]. C'est ainsi que, assortie de l'autorité de la chose jugée, « la décision du juge doit être considérée comme constituant le droit dans la situation jugée » [199]. Il s'agit d'une conséquence directe de la *juris dictio* attachée à l'office du juge, et cet effet du jugement ne saurait être aisément contourné, sous peine de vider de sa substance l'institution judiciaire même. Outre cette conception purement processuelle de l'autorité de la chose jugée, il a été proposé de considérer l'autorité de la chose jugée non pas comme un effet, mais comme une qualité attachée au jugement qui ne saurait être expliquée, puisqu'elle ne dépend aucunement du fait du juge, et procède d'une nécessité sociale impérative[200]. Il nous semble que, loin de s'opposer, la vision processuelle et la vision *sui generis* de l'autorité de la chose jugée se rejoignent, puisque toutes deux tendent à se fonder sur l'extrême intérêt que présente la préservation de cette autorité dans l'ordre juridique.

Pour autant, la présomption posée par l'autorité de la chose jugée est tout à fait réfragable, et peut être renversée, sous réserve du respect des procédures idoines : c'est la condition que pose l'article 460 du Code de procédure civile qui prévoit que la nullité d'un jugement ne peut être demandée que par l'exercice des voies de recours légalement prévues à cet effet. Lorsque le jugement n'est revêtu que de l'autorité de la chose jugée, la garantie attachée à la chose jugée reste donc générale : acquise de principe et opposable à tous, elle ne constitue

---

[198] Voir *supra*, n° 8.

[199] Cornu G., *Vocabulaire juridique*, op. cit., V° Jugement.

[200] Foyer J., *L'autorité de la chose jugée en matière civile, essai de* définition, thèse Paris, 1954, *in* Bouty C., *L'irrévocabilité de la chose jugée en droit privé*, thèse Aix-Marseille, 2008, n° 860 ; Cadiet L. et alii., *Théorie générale du procès*, op. cit., n° 264.

néanmoins pas une loi d'airain et la possibilité générale d'y porter atteinte reste large, quoique conditionnée à un formalisme qui laisse déjà entrevoir le caractère circonscrit des hypothèses de critique d'une chose jugée.

50 - Garantie spéciale. Lorsque la décision n'est plus susceptible de recours suspensifs d'exécution, la présomption de validité et de régularité se renforce, et le jugement est dit passé en force de chose jugée. La variation terminologique ne manque pas d'intérêt, puisqu'elle met en lumière le changement du statut de la chose jugée : celle-ci n'est plus assortie d'une autorité, terme renvoyant à l'imagerie d'une impériosité abstraite, mais jouit d'une force, qui se conçoit aisément comme une opposabilité, une vigueur effective. Le présent propos ne vise évidemment pas à minimiser la vigueur de l'autorité de la chose jugée, dont le respect est garanti par les très concrètes fins de non-recevoir qui lui sont liées, mais à démontrer que la conversion de celle-ci en force n'opère pas remplacement mais complément. En effet, le passage de la décision en force de chose jugée implique qu'en plus de jouir du régime de la décision ayant autorité de la chose jugée, celle-ci est par définition exécutoire, puisque la force de chose jugée s'acquiert après la clôture des voies de recours suspensive, et ne saurait de plus être remise en cause par les voies de recours ordinaires[201], et notamment par l'appel, qui offre une possibilité générale de rejuger l'affaire en faits et en droits. Ainsi, le renforcement de la présomption de validité et de régularité n'est pas simplement théorique, il se déduit des conséquences concrètes du passage de la situation en force de chose jugée sur la situation des parties.

Il est alors intéressant de se demander si la force exécutoire et la circonscription des possibilités de remise en cause substantielle du jugement aux seules voies de recours extraordinaires ne sont que des conséquences de la force de chose jugée, ou en sont les éléments constitutifs. L'article 500 du Code de procédure civile définit en fait la force de chose jugée par rapport à ces deux éléments, qui en sont donc la cause tout autant que la conséquence. Le fait que la force de chose jugée soit ainsi définie par son contenu n'est pas anodin, il tend à révéler que la notion peine à être appréhendée autrement que par ce qui le caractérise le plus : ses effets sur la situation des parties. La force de

---

[201] Guinchard S. et alii, *Procédure civile*, op. cit., n° 1101.

chose jugée n'a donc d'utilité que celle de restreindre les possibilités de critique de la décision qu'elle assortit. Là où l'autorité de chose jugée a un effet déclaratoire, si ce n'est de la vérité, de la force particulière[202] acquise par ce qui a été prononcé par le juge, à l'égard des parties comme à l'égard des tiers, emportant interdiction de rejuger[203], la force de chose jugée ne sert qu'à restreindre les possibilités de poursuite d'un litige. Celle-ci ne représente donc que l'adjonction d'effets nouveaux à ce qui a déjà été déclaré par l'acquisition de l'autorité de la chose jugée. C'est ainsi que le passage d'une décision en force de chose jugée s'analyse comme la manifestation d'une garantie spéciale de la chose jugée, par l'adjonction de dispositions visant à renforcer l'effectivité de l'irrévocabilité potentielle.

Qu'en est-il alors de l'irrévocabilité ? Il a été établi précédemment que celle-ci ne peut être entendue que dans un sens relatif, non sans émettre quelques réserves subséquentes sur la pertinence de l'emploi du terme[204]. En prenant l'irrévocabilité relative pour hypothèse, force est de constater que celle-ci n'emporte pas plus d'effets que la force de chose jugée dont elle ne se différencie que par la donnée factuelle qu'est la fermeture du pourvoi en cassation. Si elle peut être considérée comme l'ultime augmentation de la présomption de régularité et de validité du jugement, ainsi que de la potentialité d'irrévocabilité - tout en ne demeurant, paradoxalement, qu'une potentialité, du fait de sa relativité, elle ne saurait s'analyser comme un quelconque renforcement de la garantie de la chose jugée, déjà effective par le jeu des mécanismes généraux et spéciaux tendant à cet objectif. Il n'en demeure pas moins que c'est dans le cadre de cette irrévocabilité que s'inscrivent la plupart des recours étudiés, et qu'ils devront être examinés par le prisme de leur caractère dérogatoire à la protection générale et spéciale de la chose jugée. La correction des vices affectant le jugement ou des effets dommageables de celui-ci s'effectue par le biais de procédures qui tendent à s'inscrire dans le cadre de la formulation de Montesquieu qui déjà prévoyait que « le repos des familles et de la société toute entière se fonde non-seulement sur ce qui est juste, mais sur ce qui est fini »[205].

---

[202] Carbonnier J., *in* Cadiet L. et alii., *Théorie générale du procès*, op. cit., n° 264.

[203] Cadiet L. et alii., *Théorie générale du procès*, op. cit., n° 218.

[204] Voir *supra*, n° 10.

[205] *In* Bouty C., *L'irrévocabilité de la chose jugée en droit privé*, op. cit., n° 1, et Cadiet L. et alii., *Théorie générale du procès*, op. cit., n° 264.

51 - Pertinence juridique. Il apparaît que le législateur français a consacré une garantie échelonnée de la chose jugée en procédure civile. Cette conception doit-elle être considérée comme heureuse et appliquée avec vigueur, ou inadaptée et appréciée avec souplesse ? Il convient, aux fins de trancher ce point d'analyse de l'opportunité législative, de rappeler à titre liminaire que le principe de présomption se renforçant avec le temps n'est pas inconnu du droit, constituant la nature même des règles de prescription. Il n'y a donc guère de contrariété apparente entre les présomptions résultant de la potentialité d'irrévocabilité et l'ordre processuel. En outre, le respect de la chose jugée est également partie intégrante du droit de l'Union-Européenne, car la Cour de justice des communautés européennes a reconnu, dans son arrêt *Köbler*, que la nécessité de ne pas remettre en cause une décision irrévocablement jugée est suffisamment importante pour justifier l'impossibilité de remettre en cause une décision irrévocable, quand bien même celle-ci serait contraire au droit communautaire[206]. Cette position n'est pas étonnante, puisqu'il est de longue date admis par cette juridiction que la sécurité juridique est un élément participant à la confiance légitime des justiciables dans l'institution judiciaire[207].

52 - Droit fondamental - Obligation de garantie. La question topique porte en réalité sur la conformité des mécanismes visant à garantir le respect de la chose jugée avec les droits fondamentaux dont jouissent les justiciables, et, en particulier, le droit à un procès équitable consacré par l'article 6 §1 de la Convention européenne de sauvegarde des droits de l'homme et des libertés fondamentales. De la jurisprudence de la Cour européenne des droits de l'Homme rendue au visa de cet article se dégage tout d'abord la ligne directrice qui guidera l'analyse de tout système de recours : le droit au procès équitable n'emporte pas droit absolu à l'exercice d'une voie de recours[208]. À l'inverse, c'est une véritable obligation positive de garantie de la chose jugée qui sera mise à la charge des États. La chose jugée apparaît en effet comme une valeur à protéger en droit européen des droits de l'Homme. Les juges de Strasbourg ont décidé, dès l'arrêt *Brumarescu c. Roumanie,* que l' « un des éléments fondamentaux de la prééminence

---

[206] CJCE, *Köbler*, 30 sept. 2003, préc.

[207] CJCE, *Dürbeck*, 5 mai 1981, n° 112/80.

[208] Voir *infra*, n° 53 et s.

du droit est le principe de sécurité des rapports juridiques qui veut entre autres que la solution donnée de manière définitive à tout litige par les tribunaux ne soit pas remise en cause »[209]. La solution, d'une grande clarté, établit avec fermeté un lien entre l'impératif de sécurité juridique et la préservation de la chose jugée, qui impose de ne pas remettre en cause une décision dite définitive, le jugement définitif devant s'entendre, en l'espèce, comme un jugement irrévocable. La Cour consacre ainsi un droit au respect de la chose irrévocablement jugée[210], qui peut être considéré comme la traduction procédurale de l'espérance légitime d'immuabilité qui doit être attachée à de telles décisions[211].

Les deux opinions concordantes annexées à l'arrêt *Brumarescu* soulignent le débat qui a eu lieu quant à l'origine de ce droit. C'est sans contester la violation de l'article 6 § 1er de la Convention que ces opinions visent à démontrer que cette violation ne procède pas du droit à la sécurité juridique, mais du droit d'accès au juge. Il est en effet de jurisprudence constante de la Cour que ce droit ne se limite pas seulement à la saisine de la juridiction, mais impose également la possibilité d'obtenir une décision définitive et exécutoire[212]. Eut-il été préférable de fonder le droit au respect de l'irrévocabilité sur le fondement du droit d'accès au juge ? Notre avis est que le raisonnement est indéniablement pertinent, ce qui n'empêche pas la solution retenue par la majorité d'être tout à fait cohérente, et, à notre sens, plus adaptée, et ce pour trois raisons. Premièrement, le choix de ce fondement permet une adéquation entre le droit de l'Union-Européenne et le droit européen des droits de l'Homme. Deuxièmement, la notion de sécurité juridique telle qu'entendue par la Cour, à savoir participant à la confiance légitime des justiciables dans l'institution judiciaire[213], nous semble plus révélatrice de l'intérêt que présente le respect de la chose jugée pour garantir tout l'ordre processuel, et non simplement attaché aux parties, ce que ne permettrait pas d'affirmer une solution fondée sur le droit d'accès au juge. Troisièmement, cette solution permet d'éviter le hiatus conceptuel quelque peu gênant que consisterait l'affirmation

---

[209] CEDH, *Brumarescu c. Roumanie*, 28 oct. 1999, préc.
[210] Bouty C., *L'irrévocabilité de la chose jugée en droit privé*, op. cit., n° 213.
[211] Voir *supra*, n° 10 et s.
[212] CEDH, *Hornsby c. Grèce,* 19 mars 1997, préc.
[213] CEDH, *Isik c. Turquie*, 16 juin 2009, n° 35224/05.

d'une nécessité d'encadrer les voies de recours sur le fondement du droit d'accès au juge.

La formulation de l'arrêt *Brumarescu* est en effet générale et absolue, et pourrait s'interpréter comme une prohibition de tout recours contre une décision devenue irrévocable, alors que celui-ci a été rendu pour sanctionner une procédure similaire au mécanisme français du pourvoi du procureur général près la Cour de cassation pour excès de pouvoir [214]. La Cour a, salutairement, eu l'occasion de préciser sa pensée dans des affaires ultérieures. Ainsi, l'arrêt *Riabykh c. Russie* permet à la Cour d'expliquer que n'est interdite la supervision juridictionnelle d'une décision irrévocable que si elle est dévoyée pour permettre un réexamen de l'affaire au profit d'une partie, ou, aux termes de la Cour, un « appel déguisé »[215]. Les recours tendant à la correction d'une erreur judiciaire sont explicitement exclus du champ de la prohibition. Cette jurisprudence s'est pérennisée, et sa motivation peut être retrouvée à l'identique dans des affaires ultérieures[216]. Force est de constater alors que, loin de constituer une violation des droits fondamentaux, les restrictions à la remise en cause d'une décision dite définitive font partie intégrante du droit européen des droits de l'Homme. L'effacement de la garantie de la chose jugée peut procéder dès lors que de circonstances exceptionnelles qu'il sied de caractériser.

B. L'anéantissement exceptionnel de la chose jugée

53 - Ingérence de l'État. L'obligation positive pour les États de garantir la chose jugée ne fait plus l'objet d'aucun doute, et pourtant subsistent des exceptions à ce principe, dont la conformité au droit au procès équitable a pu être reconnue par la Cour européenne des droits de l'Homme elle-même. Cette situation est singulière, car le droit garanti par l'article 6 § 1er de la Convention européenne de sauvegarde

---

[214] Voir *supra*, n° 45.

[215] CEDH, *Riabykh c. Russie*, 24 juil. 2003, n° 52854/99, présente la particularité de se fonder sur l'atteinte à la sécurité juridique et l'atteinte au droit à un tribunal.

[216] Par exemple : CEDH, *Archintchikova c. Russie*, 14 sept. 2011, n° 73043/01, cet arrêt étant également intéressant car, nonobstant le fondement de la demande de la requérante sur le droit d'accès au juge, la réponse de la Cour a été rendue sur le fondement de la sécurité juridique, ou encore CEDH, *Salkazanov et autres c. Russie*, 19 févr. 2013, n° 65795/09.

des droits de l'Homme et des libertés fondamentales n'a pas vocation à être conditionnel[217]. La Cour est néanmoins confrontée au conflit entre deux droits de niveau équivalent, puisqu'ils participent tous deux au procès équitable, car le droit au juge qui vient se confronter à l'impératif de sécurité juridique.

Il nous semble essentiel de préciser en quoi le droit au juge est ici en jeu, alors qu'il a été précédemment établi que ce dernier pouvait plutôt s'analyser comme un obstacle à l'exercice des recours tendant à critiquer un jugement d'apparence définitive[218]. Le droit d'accès au juge peut pourtant être utilisé comme transcription dans les concepts européens modernes de la pensée exprimée par Motulsky bien avant l'avènement de la jurisprudence de la Cour de Strasbourg. Ce dernier estimait en effet que le respect des droits de la défense imposait à l'État l'obligation d'organiser « un système permettant le recours » [219]. Une double conséquence peut être tirée de cette formulation : elle consisterait d'une part en l'affirmation d'un droit à une voie de recours plus qu'un droit au recours, et, d'autre part, ce droit ne serait pas absolu, mais exigerait d'être garanti dans tous ses cas d'ouverture[220]. Dès lors, il existe bien un droit d'accès au juge en matière d'exercice de voies de recours contre une décision passée en force de chose jugée, même si celui-ci est réduit, et c'est la Cour européenne elle-même qui l'a consacré en admettant de ménager des exceptions à la préséance de la sécurité juridique. Bien qu'il ne soit pas explicitement désigné comme tel dans les arrêts, le droit d'accès au juge nous apparaît comme le seul fondement qui soit de nature à expliquer de tels aménagements.

Dès lors, le pragmatisme de la Cour l'a conduit à mettre en œuvre, pour concilier droit au juge et garantie de la chose jugée, un mécanisme analogue à celui de l'ingérence de l'État dans les droits conditionnels. L'ingérence est en conséquence rendue possible, sous condition de

---

[217] Renucci J.-F., *Droit européen des droits de l'Homme*, manuel, 6e éd., 2015, LGDJ, n° 24.
[218] Voir *supra*, n° 52.
[219] Motulsky H., *Le droit naturel dans la pratique jurisprudentielle : le respect des droits de la défense*, in *Mélanges en l'honneur de Paul Roubier*, 1961, Dalloz-Sirey, tome 2.
[220] Cadiet L. et alii, *Théorie générale du procès*, op. cit., p. 697.

respecter les trois conditions qui y sont traditionnellement posées : l'ingérence doit tout d'abord être prévue par la loi, poursuivre un but légitime et être proportionnée à l'objectif poursuivi[221]. En la matière, c'est la sécurité juridique qui prend le rôle du droit conditionnel et le droit au juge qui revêt celui du but légitime de l'ingérence. La condition de prévision textuelle ne posant pas de problème majeur en l'espèce, il importe essentiellement de rechercher la cause qui caractérise précisément le droit au juge au travers de la vérification de la conventionalité du droit français.

54 - But légitime - Droit au juge (correction de l'erreur judiciaire). La Cour européenne des droits de l'Homme ayant décidé que l'anéantissement d'une décision irrévocable peut être l'impératif de sécurité juridique s'il ne tend à corriger une erreur judiciaire[222], nous en déduisons que la correction de l'erreur judiciaire peut constituer, transcendant la multiplicité des causes propres à chaque recours[223], la cause unique et supérieure justifiant les techniques de critique de nature à remettre en cause une décision passée en force de chose jugée, elle justifie également l'ingérence de l'État dans la sécurité juridique. La question se pose alors de déterminer précisément cette cause. L'erreur judiciaire se définit comme une « erreur portant sur l'existence d'un fait ou dans l'appréciation d'une situation »[224], elle est caractérisée par son objectivité. Puisqu'une fois la preuve de la méprise apportée, l'erreur commise par la juridiction est manifeste, il est alors légitime qu'un recours soit toujours ouvert à celui qui s'en prévaut. Ceci distingue l'erreur judiciaire de la simple allégation plus subjective de la commission d'une d'erreur de fait ou de droit par la juridiction, qui n'est réputée faite que lorsque le jugement sera réformé par l'exercice d'une voie de recours normale[225], et conditionne pour sa part l'accès à l'irrévocabilité relative. Nous verrions ainsi émerger un régime général des recours contre les décisions, fondé sur l'identité de légitimité de l'atteinte à la chose jugée qu'ils représentent. Une telle affirmation serait malheureusement simpliste. Il est en effet préférable de distinguer, dans les méthodes de critique étudiées, trois catégories.

---

221 Renucci J.-F., *Droit européen des droits de l'Homme*, op. cit., n° 25.

222 Voir *supra*, n° 52.

223 Voir *supra*, n° 25 et s.

224 Cornu G., *Vocabulaire juridique*, op. cit., V° Erreur.

225 Définition de la voie de recours normale : voir *supra*, n° 14.

Outre les voies de recours aboutissant à un anéantissement de la chose jugée, et dès lors soumises aux critères européens, se trouvent les techniques de critique qui n'aboutissent pas à un tel anéantissement, du fait de leur caractère correctif ou de leur inopposabilité aux parties, et se trouvent dès lors exclues du champ de la vérification du critère de l'erreur judiciaire. Subsistent enfin des techniques soumises aux exigences européennes qui pourtant s'affranchissent du respect du critère de l'erreur judiciaire.

Nous évoquerons tout d'abord les techniques de critique qui ne semblent, *a priori*, pas assujetties par nature au respect de l'impératif de sécurité juridique. Les requêtes en rectification, complément ou retranchement ont pour effet de critiquer un jugement passé en force de chose jugée, mais sans porter atteinte à l'autorité qui y est attachée, à défaut de permettre la correction d'un défaut substantiel inhérent au jugement [226]. Ces dispositifs portent ainsi atteinte à la lettre et à l'exécution du jugement sans remettre en cause la pertinence intellectuelle de la solution retenue, qui ne subit aucun anéantissement de droits ou d'obligations dont le jugement est la source, or, ce défaut d'anéantissement implique l'absence d'atteinte à la sécurité juridique du justiciable. Dès lors, les requêtes fondées sur l'erreur non-intellectuelle du juge apparaissent exemptés de tout impératif de preuve d'une erreur judiciaire. Il en est de même pour le pourvoi dans l'intérêt de la loi exercé par le procureur général près la Cour de cassation, dont les effets ne sont pas opposables aux parties à la décision critiquée. Il apparaît en effet que la sécurité juridique doit être appréciée uniquement au regard des parties, et éventuellement, des tiers intéressés, mais en aucun cas au regard des intérêts du tiers parfaitement étranger au litige qui ne cherche à se prévaloir que de la jurisprudence qui en émanerait, puisque le droit à une jurisprudence constante n'est pas acquis[227].

La tierce-opposition apparaît ensuite également affranchie de l'obligation de se conformer au critère de l'erreur judiciaire, la relativité de principe de son effet[228] ne semblant pas de nature à anéantir la chose jugée entre les parties. Cette analyse est considérablement lacunaire,

---

[226] Voir *supra*, n° 27.

[227] CEDH, *Isik c. Turquie*, 16 juin 2009, préc.

[228] Fricero N., *Tierce-opposition*, préc., n° 197 et s., et Voir *infra*, n° 56.

elle omet en effet d'envisager deux aspects de la tierce-opposition. La première difficulté réside dans les cas de tierce-opposition à effet absolu qui se trouvent dans les matières indivisibles. Ces situations impliquent donc la potentialité d'anéantissement d'une décision sur simple demande d'un tiers, dans un délai particulièrement long[229], et sans réelle caractérisation d'une erreur judiciaire puisque l'exercice de la tierce-opposition n'exige pas la preuve d'un défaut affectant le jugement[230]. La seconde difficulté procède du constat du caractère parfois théorique de l'effet relatif de la tierce-opposition, il semble en effet difficile d'imaginer que l'inopposabilité d'un jugement à l'égard d'un tiers, créancier par exemple, soit totalement dénuée de conséquences sur la situation du débiteur partie au jugement attaqué. Il semble, à la lumière de ces considérations, qu'un exercice intellectuel s'impose pour rattacher les cas d'ouverture de la tierce-opposition à une erreur judiciaire, à défaut de quoi celle-ci serait contraire à l'obligation de garantie de la chose jugée qui est à la charge des États. La Cour européenne des droits de l'Homme a résolu la situation sans s'embarrasser d'un tel raisonnement. Celle-ci a en effet décidé que nulle obligation de prévoir une prescription n'incombe aux états, et que le droit à la sécurité juridique ne saurait s'entendre comme une interdiction absolue de toute remise en cause d'une décision perçue comme définitive[231]. Cette position a été exprimée à l'occasion de l'examen de la recevabilité d'un recours devant la juridiction strasbourgeoise contre la procédure de tierce-opposition du contentieux administratif français[232], au régime comparable à celui de la tierce-opposition connue en procédure civile, recevabilité qui a été refusée.

À peine décelé, le critère de l'erreur judiciaire apparaît déjà fort amenuisé, puisqu'il ne concerne de manière indiscutable que le recours en révision. Ce recours représente l'exemple d'école de l'exception à la garantie de la chose jugée ménagée par les juges européens, puisqu'il consiste à réexaminer en fait et en droit une décision qui s'analyse comme ayant été « rendue par erreur »[233], du fait du comportement

---

[229] Voir *infra*, n° 69 et n° 71.

[230] Voir *supra*, n° 37.

[231] CEDH, *Millon c. France*, 30 août 2007, n° 6051/06.

[232] Prévue par les articles R832-2 à R832-5 du CJA.

[233] Guinchard S. et alii., *Procédure civile*, op. cit., n° 1285.

fautif d'une partie[234]. Le recours ne peut donc être exercé que pour aboutir à la correction d'une erreur judiciaire, la potentialité de celle-ci se déduisant des circonstances dans lesquelles le jugement a été rendu, les manœuvres de la partie adverse ayant pu aboutir à l'altération de l'appréciation de la juridiction et ouvrant dès lors le recours en révision étant limitativement énumérées par l'article 595 du Code de procédure civile. L'anéantissement de la chose jugée est ici légitime au regard les critères posés par les juges de Strasbourg. Une réserve à cette conformité peut cependant être émise, elle réside dans l'omission de préciser l'office du juge affectant textes relatifs au recours en révision. Rien n'interdit alors au juge saisi sur une cause valable de révision, à qui l'article 593 du Code de procédure civile laisse toute latitude pour se prononcer de nouveau en droit en en fait, d'envisager une solution totalement différente à la première solution décidée, indépendamment des apports nouveaux. Si une situation dans laquelle un recours en révision aboutit à des effets d'appel semble ne jamais s'être produite, il est certain que sa réalisation est possible, puisque le juge n'étant pas lié par les éléments nouveaux, il peut, par exemple, confirmer sa décision malgré eux[235].

55 - But légitime - Droit au juge (correction d'un vice fondamental de la procédure). Il convient finalement d'aborder la situation des techniques de critique qui semblent ne pas se conformer aux exigences posées par le droit européen des droits de l'Homme. La violation la plus flagrante de la prééminence de la sécurité juridique émane des pourvois sans délais reconnus aux autorités contre des décisions passées en force de chose jugée. Leur condamnation fréquente par la Cour[236] résulte-t-elle d'un régime *sui generis* propre aux recours exercés par la puissance publique, ou s'explique-t-elle par l'application du critère de l'erreur judiciaire ? Il semble que la Cour n'ait pas eu l'intention d'analyser cette catégorie de mécanisme au regard du critère de l'erreur judiciaire, qui aurait conduit à leur prohibition absolue, faute de pouvoir qualifier une erreur judiciaire dans leurs conditions d'ouverture. L'arrêt *« Salkazanov et autres c. Russie »* apporte un élément de réponse intéressant, faisant référence à la

---

[234] Voir *supra*, n° 31 et s.

[235] Colson R., *Recours en révision*, préc., n° 119.

[236] Voir *supra*, n° 52.

correction d'un vice fondamental de la procédure[237]. Notre avis est que, par dérogation, certains recours de nature à remettre en cause la décision dite définitive peuvent être fondés sur une telle nécessité. L'objectif de correction d'un vice fondamental de la procédure apparaît moins impérieux que celui de correction de l'erreur judiciaire, puisque le contrôle de proportionnalité dont il fait l'objet est bien plus rigoureux, ce qui permet d'émettre de sérieux doutes sur la conventionalité du pourvoi français du procureur général de la Cour de cassation pour excès de pouvoir, eu égard à ses modalités d'exercice très similaires à celles d'autres États condamnés[238]. Est-ce le droit au juge, qui ne saurait être reconnu à l'autorité publique, qui fonde alors les recours pour correction d'un vice fondamental de la procédure ?

Nous répondrons par l'affirmative, car cette théorie du vice fondamental permettra à notre sens, si un jour la question est posée à la Cour, de régulariser la situation du rabat d'arrêt, qui ne saurait se justifier par la correction d'une erreur judiciaire, mais qui, contrairement aux autres techniques tendant un critiquer une décision pour cause d'erreur matérielle, a pour effet de provoquer l'anéantissement de celle-ci[239]. La méthode ne présente pas le caractère choquant que peut revêtir le pourvoi pour excès de pouvoir, ne remettant pas en cause l'autorité substantielle de la chose jugée[240]. Assoir alors sa légitimité sur la correction proportionnée d'un vice fondamental ayant affecté la procédure nous semble pertinent.

56 - Nécessité dans une société démocratique – Équité – Proportionnalité. Il apparaît que l'erreur judiciaire prise comme cause apparente commune aux possibilités d'anéantissement de la chose jugée n'est pas satisfaisante, même complétée de l'appréciation du vice fondamental affectant la procédure. L'ordre juridique ne procède pourtant pas du hasard, et il serait impensable d'imaginer que nul principe supérieur ne permette de justifier l'ensemble des techniques juridiques de nature à anéantir la chose jugée. Le fondement de nécessité dans une société démocratique, consubstantiel à l'ingérence de l'État, ne se limite pas qu'à l'appréciation de la proportionnalité de

---

[237] CEDH, *Salkazanov et autres c. Russie*, 19 févr. 2013, préc.
[238] Voir *supra*, n° 45 et n° 52.
[239] Voir *supra*, n° 18.
[240] Voir *supra*, n° 27.

la mesure, mais implique la caractérisation de son besoin social impérieux. Il est difficile de nier le besoin social que recouvrent la correction d'une erreur matérielle du juge, celle des effets d'une fraude ayant déterminé la solution retenue par celui-ci, ou encore de l'atteinte aux droits d'un tiers du fait du jugement. La cause commune aux techniques de recours anéantissant la force de chose jugée, cause d'ingérence de l'État dans le droit à la sécurité juridique pour le sous-ensemble des techniques qui y portent atteinte, résiderait-elle simplement dans l'équité ? L'article 6 § 1er de la Convention européenne de sauvegarde des droits de l'Homme et des libertés fondamentales consacre avant tout un droit à un procès équitable. Dès lors, il semble limpide qu'une atteinte à la lettre même de l'article doive être réparée, quitte à s'ingérer dans une conséquence tirée du même article, l'impératif de sécurité juridique.

Qu'en est-il alors des recours dans l'intérêt du droit ? S'il semble de prime abord difficile de rattacher le pourvoi dans l'intérêt de la loi à l'équité, nous pensons qu'il est envisageable de le considérer comme un rétablissement externe de l'équité de la procédure, une affirmation *erga omnes* que la violation du droit commise à l'égard de parties ne saurait constituer une règle. À l'inverse, il semble que le pourvoi pour excès de pouvoir doive être considéré comme une anomalie processuelle qui ne remplit pas le critère de nécessité dans une société démocratique, et devrait être, sinon supprimé, au moins considérablement amendé.

Ainsi, s'il serait cavalier d'affirmer qu'il existe en France un droit à la critique d'une décision dite définitive, nous soutenons qu'il existe *a minima* un droit au rétablissement de l'équité de la procédure. Encore faut-il que cette équité ait été rompue et que l'atteinte à la sécurité juridique qui peut en résulter soit strictement proportionnée, c'est là que se trouve la clef de voûte du caractère exceptionnel et restrictif des techniques étudiées. Le droit au juge impose néanmoins qu'une fois ouvertes, l'exercice de celles-ci soit garanti.

§2. La garantie minimale du droit à la critique

57 - Division. Aussi ténu soit-il, le droit à la critique d'une décision passée en force de chose jugée est garanti de deux manières. La pratique prétorienne a mis en œuvre une garantie intrinsèque vigoureuse de certaines de ces voies, en restaurant la possibilité de les exercer là où le législateur l'aurait supprimée, si les circonstances l'exigent, fondant ainsi un mécanisme *contra legem* qui s'apparente à la consécration conditionnelle d'un droit au recours (A). Ce mécanisme particulier est complété par une garantie de bon sens, *intra legem*, qui veille à ce que les conditions d'ouverture des différentes voies de recours tendent à respecter un principe de non-cumul de voies de recours, et d'éviter ainsi une action indésirable de l'une sur l'autre, ce qui s'apparente à une garantie extrinsèque de chacune de ces voies (B).

A. La restauration des recours supprimés

58 - Droit naturel - Droit à la critique du jugement irrégulier. Il a été établi que l'exercice des voies de recours ouvertes dans l'ordre processuel doit être garanti. Cette garantie n'est néanmoins pas suffisante pour permettre l'exercice de la critique légitime d'une décision passée en force de chose jugée, et, incidemment, de la défense de l'équité du jugement, dans toutes les situations où celles-ci s'imposent. Il est en effet fréquent que le législateur ferme ou n'ouvre pas la possibilité d'exercer certaines voies de recours en certaines matières, car il se peut que des circonstances particulières exigent une justice rapide et incontestable. Il peut être extrapolé de la pensée de Motulsky que, si les droits de la défense en général et le droit au juge en particulier imposent que, lorsqu'une voie de recours est ouverte, la possibilité de son exercice doit être garantie, le respect de ces mêmes droits n'impose pas pour autant son ouverture en toute matière[241]. Faut-il considérer dès lors qu'il suffit que la loi exclue la possibilité d'exercice d'une voie de recours pour que toute irrégularité qui affecte le jugement, et que cette voie aurait été en mesure de corriger, se trouve régularisée et légitimement insusceptible de critique ? Répondre par l'affirmative reviendrait à ignorer l'intitulé même de la réflexion de Motulsky, lequel s'attachait à distinguer dans la pratique

---

[241] Cadiet L. et alii., *Théorie générale du procès*, op. cit., p. 697, et voir *supra*, n° 53.

jurisprudentielle la manifestation du droit naturel en matière de droits de la défense[242]. Existe-t-il alors un droit naturel, antérieur et supérieur à la loi, qui puisse justifier la dérogation au bornage par celle-ci du périmètre des voies de recours ? Il nous semblerait délicat de l'affirmer, la première condition à la qualification d'un droit naturel faisant défaut par nature, puisque ce droit qui se définit par rapport aux lois en vigueur ne saurait leur être antérieur.

La pratique jurisprudentielle a néanmoins donné naissance à des procédures permettant une telle dérogation, ce qui permet de supposer qu'il existe effectivement un principe qui soit supérieur aux limitations légales apportées aux voies de recours, et que ce principe est d'une vigueur telle qu'en plus d'autoriser le contournement de la loi, il impose à l'autorité judiciaire de s'ingérer dans le droit fondamental à la sécurité juridique. La chambre commerciale de la Cour de cassation s'exprima sans ambiguïté lorsqu'elle rendit deux arrêts de principe, en décidant qu' « aucune disposition ne peut interdire de faire constater, selon les voies de recours de droit commun, la nullité d'une décision entachée d'excès de pouvoir »[243]. La Cour de cassation semble donc bien s'être inspirée de principes *jusnaturalistes* pour lever, en l'espèce, des restrictions au pourvoi en cassation, mais c'est sur le même fondement qu'elle a également donné naissance aux recours-nullité autonomes ou restaurés. Ceux-ci se définissent comme des techniques de critique d'un jugement s'exerçant lorsque les voies de recours légales sont fermées et qu'un excès de pouvoir ou une violation d'un principe fondamental de la procédure rend irrégulier le jugement.

L'ouverture de telles méthodes de critique par la jurisprudence n'est pas surprenant, car elle s'inscrit dans le cadre d'une lutte cohérente du droit français contre l'excès de pouvoir du juge, celui-là même qui peut même être sanctionné, indépendamment de la volonté des parties, par un pourvoi du procureur général près la Cour de cassation[244]. L'affirmation par Natalie Fricero de l'existence d'un

---

[242] Motulsky H., *Le droit naturel dans la pratique jurisprudentielle : le respect des droits de la défense*, *in Mélanges en l'honneur de Paul Roubier*, préc.
[243] Cass. com., 15 nov. 1994, n° 93-10.020, inédit, et Cass. com., 6 juin 1995, n° 92-18.141, inédit.
[244] Voir *supra*, n° 41 et s.

« droit fondamental pour le justiciable à critiquer le jugement irrégulier »[245] prend alors tout son sens. Ce droit fondamental revêt cependant moins les attributs du droit naturel que ceux du droit supra-législatif[246], puisqu'il se fonde là encore sur des conséquences du droit au procès équitable[247] et, en particulier, sur « le droit d'accès au juge pour sanctionner l'excès de pouvoir du juge »[248]. Face à l'impérative préservation de la sécurité juridique par les autorités judiciaires[249], ce droit doit s'entendre là encore comme un droit conditionnel, et ne doit pas être confondu avec l'hypothèse d'un droit général à la critique d'une décision passée en force de chose jugée qui est elle-même conditionnelle[250], puisqu'il est question plus précisément ici de la critique d'une décision insusceptible de recours.

Quoiqu'elle soit une voie de rétractation organisée selon son régime propre pour pallier d'autres défauts que l'excès de pouvoir affectant un jugement[251], la technique du rabat d'arrêt nous semble devoir s'analyser comme un mécanisme analogue aux recours-nullité autonomes ou restaurés. Il s'agit là encore de l'instauration *contra legem* par la Cour de cassation d'une méthode de critique d'un jugement tendant à corriger l'irrégularité l'entachant. Ainsi, l'existence du rabat d'arrêt peut s'analyser comme un élargissement de l'assiette du droit fondamental à la critique du jugement irrégulier, l'irrégularité ne s'entendant pas simplement comme un synonyme de l'excès de pouvoir, à moins de considérer le mal jugé pour cause d'erreur matérielle imputable à la juridiction comme un excès de pouvoir négatif. Notre avis est qu'il est préférable de se garder d'un tel amalgame, et qu'il convient bien de conférer à l'irrégularité une autonomie sémantique. Il serait prématuré d'affirmer que la notion d'irrégularité fonde un régime général de la critique de la décision passée en force de chose jugée, mais elle ne justifie pas moins un régime de la restauration ou de l'instauration jurisprudentielle d'une possibilité de recours. Le rabat d'arrêt est toutefois moins remarquable que ses

[245] Fricero N., *L'excès de pouvoir en procédure civile*, préc.
[246] *Ibidem*.
[247] Guinchard S. et alii., *Procédure civile*, op. cit., n° 1158.
[248] Fricero N., *Tierce-opposition et procédures collectives*, préc.
[249] Voir *supra*, n° 52.
[250] Voir *supra*, n° 53 et s.
[251] Voir *supra*, n° 27 et s.

techniques apparentées que sont les recours-nullité autonomes ou restaurés, puisqu'il constitue une simple voie tendant à corriger une erreur matérielle, tandis que ces derniers remettent en cause l'autorité substantielle de la chose jugée, c'est pourquoi nous réserverons le présent développement à leur étude.

59 - Dualité de nature de la voie de recours. Les recours-nullité autonomes ou restaurés sont caractérisés par une double nature qu'il est impératif d'appréhender. Ces derniers empruntent tout d'abord des caractéristiques de la voie de recours qu'ils restaurent, que nous nommerons recours d'origine. Les régimes juridiques des recours restaurés sont alors largement inspirés du droit commun de leurs recours d'origine respectifs[252], car ces techniques ont pour vocation de corriger une anomalie de l'ordre processuel, et non d'accorder plus de droits au plaideur qu'il n'en aurait eu en l'absence d'une telle anomalie[253]. Bien que tout recours a vocation à être restauré si besoin est[254], les recours les plus souvent restaurés sont l'appel et la tierce-opposition. L'emprunt des caractéristiques du recours d'origine peut alors poser quelques difficultés de classification. La plus flagrante de ces difficultés se pose dans la situation de l'appel-nullité. Il convient en effet de ne pas ignorer que le champ de son exercice se construit en opposition avec celui de la formation d'un pourvoi en cassation, dont il est un substitut[255]. Ceci témoigne d'une volonté de la pratique de cantonner l'exercice du pourvoi en cassation au cas où celle-ci constitue le seul recours possible[256]. La conséquence est que l'appel-nullité est considéré comme s'inscrivant au même rang que l'appel-voie de réformation dans la classification des voies de recours, à savoir au rang de voie de recours ordinaire qu'il convient d'utiliser avant de recourir à la cassation. L'appel-nullité est alors, dans l'ordre des voies de recours, réputé avoir toujours été ouvert.

---

[252] Guinchard S. et alii., *Procédure civile*, op. cit., n° 1157.
[253] *Ibidem.*
[254] Guinchard S. et alii., *Procédure civile*, op. cit., n° 1155.
[255] *Ibidem*, n° 1158.
[256] Fricero N., *L'excès de pouvoir en procédure civile*, préc.

Une telle conception sous-tendrait que l'appel-nullité ne constitue pas une technique de critique tendant à anéantir une décision passée en force jugée. Se limiter à pareille sentence nous semblerait en contrariété avec l'autre versant composant la nature ambivalente des voies de recours-nullité. Ces voies, si elles empruntent des traits à la voie de recours à leur origine, ne sont pas moins animées par une certaine autonomie, qui, elle, tient à leur caractéristique de voies de nullité. La critique d'une décision insusceptible de recours rejoint en philosophie et en pratique la critique d'une décision passée en force de chose jugée, d'autant plus que dans les deux situations, la décision peut être perçue comme définitive, revêtue de l'espérance légitime d'immuabilité. Il est dès lors possible d'assimiler l'ensemble des recours-nullité autonomes ou restaurés au régime des techniques de critique faisant l'objet de la présente étude, et ce, sans exception aucune, puisque même les recours-nullité restaurant l'exercice d'une voie de recours ordinaire, en pratique l'appel, ont pour effet commun l'anéantissement d'une décision dite définitive. Si l'appel-nullité est un substitut de cassation, cette substitution n'est que théorique, puisque dans les situations où l'usage de celui-ci s'impose, la formation du pourvoi en cassation, comme tout exercice d'une voie de recours, est également interdite, et si la Cour de cassation a jugé que celui-ci pouvait être restauré pour les mêmes causes, elle a finalement préféré que la restauration de la possibilité de recours se fasse sur le fondement de l'appel[257].

Ainsi, ce n'est finalement pas son origine d'appel qui caractérise le plus un appel-nullité, mais bien son caractère autonome ou restauré, ce qui permet d'affirmer que, par hypothèse, ces procédures tendent à exercer une critique là où celle-ci aurait dû être impossible. Nous constatons en conséquence que le caractère autonome ou restauré conféré par le juge à un recours constitue une cause de complexification de la nature pour celui-ci, qui se pare, du fait de cet usage détourné, des caractéristiques de la voie de recours particulière[258], ce que nous imputons à la technique de l'annulation qui leur est consubstantielle : une voie de recours-nullité est avant tout une expression processuelle et policée de la nullité. Cette évolution de nature n'est pas dénuée d'effets en pratique, puisque, par exemple, l'exercice de l'appel-nullité

[257] Fricero N., *L'excès de pouvoir en procédure civile*, préc.
[258] Définition de la voie de recours particulière : voir *supra*, n° 14.

autonome ou restauré n'est pas limité par le taux du ressort[259]. La correction par cette voie de l'excès de pouvoir apparaît bien génératrice d'un droit *sui generis*.

60 - Légalité - Légitimité. Les recours-nullité autonomes ou restaurés procèdent d'une situation paradoxale dans laquelle les magistrats composant la Cour de cassation ont commis une atteinte à la séparation des pouvoirs, s'affranchissant des prescriptions du législateur pour mieux permettre aux justiciables d'exercer leur défense contre un excès de pouvoir. Ces techniques sont d'autant plus choquantes qu'elles s'inscrivent en violation de l'article 460 du Code de procédure civile qui traduit dans l'ordre textuel l'adage selon lequel les « voies de nullité n'ont lieu en France contre les jugements ». La légalité de la technique est si douteuse que la possibilité de l'exercer, et les modalités de son exercice, ne doivent en aucun cas être mentionnées dans la notification du jugement[260]. Cette situation de fait n'est pas sans poser question quant à l'information du justiciable relative aux voies de recours qu'il peut exercer, information qui participe au droit à un procès équitable[261]. Il serait néanmoins plus choquant encore de mettre fin à cette pratique, qui correspond à un besoin social indéniable, et, si l'excès de pouvoir d'un magistrat peut être attaqué par les autorités étatiques tierces au procès au mépris des droits fondamentaux, il serait tout à fait injustifiable de ne pas permettre au justiciable mis en cause de se prévaloir de ce même droit. Une situation dans laquelle la plus haute juridiction de l'ordre judiciaire se voit contrainte de violer la loi pour garantir le respect des droits des parties ne peut témoigner que d'une inadaptation législative caractérisée. Un écart si manifeste et préjudiciable entre droit écrit et droit applicable appelle à une refonte du droit des voies de recours civiles qui tiendrait enfin compte de la fondamentalisation de celui-ci.

Une double nuance doit cependant être apportée aux critiques portées sur la légalité des recours-nullité autonomes ou restaurés, et celle-ci est par ailleurs également topique en ce qui concerne la justification de la technique du rabat d'arrêt. Il sied d'une part de rappeler que la Cour européenne des droits de l'Homme a fait des

---

[259] Fricero N., *L'excès de pouvoir en procédure civile*, préc.

[260] Cass. com., 17 juil. 2001, n° 98-15.963, inédit.

[261] CEDH, *Bellet c. France*, 4 déc. 1995, 23805/94.

juridictions nationales les premières garantes du droit européen des droits de l'Homme. Les juridictions dites suprêmes, considérées comme des sources matérielles de droit, sont incitées à prendre toute mesure qu'elles jugeraient nécessaires pour assurer en droit interne le respect des principes de la Convention, et, en la matière, le respect du droit au procès équitable. D'autre part, la Cour de cassation, en inscrivant les recours-nullité autonomes ou restaurés à l'emplacement dans l'ordre processuel des recours qui en constituent l'origine, permet de percevoir la restauration du recours comme une garantie intrinsèque à celui-ci. Nonobstant sa nature duale et les spécificités de son exercice, la possibilité de former un recours-nullité autonome ou restauré se conçoit avant tout comme une garantie d'exercice de son recours d'origine lorsque celui-ci est empêché alors que le bon déroulement processuel aurait exigé que celui-ci pût être exercé.

61 - Conditions d'exercice. Une garantie si efficace ne peut être que conditionnelle, elle ne doit pas permettre à tout justiciable dans l'impossibilité d'exercer une voie de recours de contourner les restrictions légales posées à celle-ci. Une ouverture trop large d'une telle possibilité porterait non seulement atteinte à l'impérative garantie de la chose jugée[262], mais également à l'ensemble du corps divers de restrictions qui peuvent être émises à l'exercice des voies de recours pour des raisons d'intérêt général dans les matières le justifiant, à l'instar des procédures collectives. La possibilité de se prévaloir de tels recours est dès lors soumise à de strictes conditions, en sus de celles préexistantes pour mettre en œuvre chaque recours d'origine.

Les deux premières conditions sont propres à la situation dans laquelle se trouve le justiciable. La première est d'ordre textuel, il convient de s'assurer que la possibilité d'exercer le recours de droit commun a été supprimée, en droit ou en fait, par la loi. Ainsi, en matière d'appel-nullité, il se dit que le second degré de juridiction doit avoir été supprimé en droit ou en fait, il peut par exemple s'agir d'un report de la possibilité d'appel au jour du prononcé du jugement sur le fond[263] contre un jugement avant dire droit. La seconde condition est celle de la stricte nécessité de la restauration du recours supprimé, il ne doit

---

[262] Voir *supra*, n° 49 et s.

[263] Guinchard S. et alii., *Procédure civile*, op. cit., n° 1156.

exister aucune autre voie de recours légalement ouverte possible qui permettrait au justiciable d'attaquer l'excès de pouvoir allégué.

La condition la plus efficace pour limiter la portée des recours-nullité autonomes ou restaurés est celle relative à la décision supposément viciée, qui doit être entachée d'un excès de pouvoir. La Chambre mixte de la Cour de cassation a défini l'excès de pouvoir-cause de recours-nullité comme une voie de fait du juge[264]. La doctrine antérieure au rendu de cet arrêt définissait l'excès de pouvoir comme l'atteinte positive ou négative à la séparation des pouvoirs du fait de la violation de la loi. Peu importait la nature, l'objet ou le caractère d'ordre public ou non de la loi violée, dès lors que le juge compétent s'arrogeait des prérogatives que la loi ne lui conférait pas, et, *in fine*, sortait du cercle de ses attributions, car la critique d'un tel arbitraire n'aurait su dès lors faire l'objet d'une limitation[265]. Tout vice de procédure qui aurait conduit à la violation d'un principe fondamental de la procédure ou d'un principe général du droit aurait dès lors constitué un excès de pouvoir susceptible de restauration d'un recours[266]. La Cour de cassation est venue mettre fin à cette espérance de consécration d'un droit absolu à la critique d'une décision viciée, en rendant sa décision excluant expressément la violation du principe du contradictoire, principe fondamental de la procédure, du champ de l'excès de pouvoir. Ce dernier apparaît partant ne pouvoir s'entendre que dans son sens le plus strict.

L'appréciation du droit fondamental à la critique d'une décision irrégulière impose alors la mesure de sa grande relativité, et celui-ci ne saura être considéré comme acquis de manière générale. S'il ne peut être affirmé que le législateur garantit l'exercice d'une voie de recours en toute circonstance, il n'en demeure pas moins que le régime général de la critique d'une décision passée en force de chose jugée se caractérise par la mise en place d'une autre forme de garantie, celle du périmètre d'exercice des recours ouverts.

---

[264] Cass. ch. mixte, 28 janv. 2005, n° 02-19.153, Bull. ch. mixte, n° 1.

[265] Fricero N., *L'excès de pouvoir en procédure civile*, préc.

[266] *Ibidem*.

B. L'autonomie des recours garantis

62 - Principe - Traits communs. L'absence d'unification du régime de l'hypothétique droit à la critique d'une décision passée en force de chose jugée conduit à l'existence d'une collection de recours aux fondements et aux objectifs distincts. Il est indispensable d'établir les limites de ces recours entre eux, de manière à ce que chaque méthode de critique utilisable ne le soit que dans le cas où elle est la plus appropriée. C'est tout d'abord l'intérêt du justiciable qui est préservé, par une distinction la plus lisible possible entre les différentes voies qui s'offrent à lui pour critiquer le jugement qu'il croyait définitif, lui autorisant d'opter pour celle qui lui permettra de faire valoir ses intérêts au mieux. La sécurité juridique n'en demeure pas moins en réalité le principe fondamental qui commande cette autonomie des voies de recours entre elles. L'existence de règles visant à éviter qu'un cumul de recours concurrents ne vienne remettre en question non seulement la décision, mais également leurs propres résultats respectifs, apparaît ainsi comme une évidence. Ces règles procèdent à la fois du principe de bonne administration de la justice et du droit à la sécurité juridique, une dualité de fondements qui n'affecte pas leur cohérence. Il s'agit en outre de garanties propres à chaque recours, qui en protègent l'assiette individuelle, et non d'une garantie globale d'un droit au recours. Chaque recours est ainsi ménagé par rapport aux éventuels recours concurrents, que ces recours soient de même nature ou non. Cette analyse nous conduit à proposer de désigner ces mécanismes comme la garantie extrinsèque de chaque recours, par parallélisme avec la garantie intrinsèque envisagée ci-dessus[267], et qui elle réside dans l'extension du domaine propre de certains recours pour en corriger les lacunes.

La garantie extrinsèque ne s'analyse pas comme un principe d'incompatibilité générale entre les différents recours étudiés, car la divergence des natures de ceux-ci produit des mécanismes d'intrication complexes qui ne sauraient être réduits à une formule spectaculaire. Il s'agit plutôt d'une gamme d'incompatibilités ponctuelles et d'aménagements qui permettent de proposer le recours le plus judicieux par rapport à chaque situation. Un exercice d'une telle difficulté, dans un domaine finalement très peu parcouru par le législateur, conduit

---

[267] Voir *supra*, n° 58 et s.

à l'existence de quelques situations où les solutions proposées sont peu seyantes, mais celles-ci semblent ne constituer que des cas d'école ou d'une rareté certaine. Une reprise du Code de procédure civile pour y codifier toutes les solutions dégagées par la jurisprudence ne s'impose pas, le grand scrupule qu'a eu celle-ci à respecter l'ordre des textes en la matière rend ces solutions, de bon sens, aisées à concevoir.

63 - Règle du recours subsidiaire (révision). Des incompatibilités entre différentes méthodes de critique découlent directement des conditions d'ouverture des différents recours étudiés, et notamment du principe de subsidiarité des voies de recours extraordinaires.

Le recours en révision est un recours extraordinaire qui a pour définition, aux termes de l'article 593 du Code de procédure civile, de ne s'appliquer qu'en matière de jugements passés en force de chose jugée. Partant, il est soumis à un principe de subsidiarité, et ne peut être exercé lorsqu'un autre recours est ouvert[268]. Ainsi, même en présence d'une cause de révision, l'exercice du recours en révision est incompatible avec la possibilité d'un appel ou d'une opposition, qui seront alors les voies à utiliser par le justiciable pour faire valoir la cause qu'il a découverte et ce, à peine d'irrecevabilité du recours en révision qui serait formé[269].

La mise en œuvre du recours en révision n'est en revanche pas rendue impossible par l'ouverture du pourvoi en cassation, ouverture s'entendant par la non-expiration du délai de pourvoi au moment de l'introduction du recours en révision[270], ou même par l'introduction de ce recours simultanément à la formation du pourvoi[271]. Il y a à ce mécanisme deux explications, résultant d'une part des conditions d'ouverture du recours en révision, et d'autre part de son objet. Premièrement, le pourvoi en cassation n'étant pas un recours suspensif, son existence ou la simple possibilité de celle-ci ne remettent pas en cause la force de chose jugée de la décision, qui entre alors dans le

---

[268] Héron J. et Le Bars Th., *Droit judiciaire privé*, op. cit., n° 911.
[269] Colson R., *Recours en révision*, préc., n° 10.
[270] Cass. civ. 2, 3 févr. 1988, n° 86-13.680, Bull. civ. II, n° 34.
[271] Cass. civ. 2, 8 nov. 1983, n° 82-13.264, Bull. civ. II, n° 171.

champ d'application de l'article 593 du Code de procédure civile ; et secondement, la spécificité des objets respectifs du recours en révision et du pourvoi en cassation permettent, et imposent même, à la partie qui se prévaudrait de deux de ces causes à former un recours en révision simultanément à un pourvoi[272]. Le demandeur à la révision s'expose en conséquence au risque de voir sa demande déclarée irrecevable si le jugement est ultérieurement cassé, puisqu'il s'agirait de demander au juge la rétractation d'un jugement inexistant[273]. Cette diversité d'objets a également pour conséquence de permettre au plaideur qui aurait renoncé au pourvoi en cassation de former néanmoins un recours en révision s'il découvre une cause propre à celui-ci : renonciation au pourvoi n'emporte pas renonciation à la révision[274].

64 - Règle du recours subsidiaire (tierce-opposition). La tierce-opposition, bien que constituant également une voie de recours extraordinaire, n'est pas soumise, et c'est heureux, aux mêmes incompatibilités, du fait de la spécificité du statut de son demandeur, le tiers au procès, pour qui elle constitue, en tout état de cause, la seule méthode utilisable de critique d'une décision qui lui ferait grief alors qu'elle a été rendue en sa légitime absence[275]. La règle du recours subsidiaire s'applique avec moins de vigueur, il est ainsi parfaitement possible pour le tiers d'introduire une tierce-opposition contre un jugement susceptible d'appel, d'opposition ou de cassation. Toutefois, l'exercice par une partie de son droit d'appel entraînant le dessaisissement du juge du premier degré et l'anéantissement inéluctable des chefs attaqués, le tiers ne pourra plus former de tierce-opposition valable sur ces chefs, et devra alors intervenir en cause d'appel selon le mécanisme prévu par l'article 554 du Code de procédure civile[276]. Il convient alors de s'interroger sur le sort réservé à la tierce-opposition qui aurait été valablement formée avant expiration

---

[272] Colson R., *Recours en révision*, préc., n° 11.

[273] *Ibidem*, n° 12.

Application jurisprudentielle (par analogie avec l'ancienne requête civile) : Cass. com. 27 juin 1977, n° 76-11.160, Bull. civ. IV, n° 182.

[274] Cass. civ. 2, 27 nov. 1996, n° 94-18.303, inédit.

[275] L'existence de cette différence permet, au demeurant, de souligner une fois encore l'artificialité de la distinction entre voies de recours ordinaires et extraordinaires !

[276] Fricero N., *Tierce-opposition*, préc., n° 19.

du délai d'appel sur ces chefs qui auraient été par la suite été frappés d'appel. Faute de jurisprudence convaincante en l'espèce, nous supposons que, le cas échéant, la sanction serait l'irrecevabilité pour défaut d'intérêt à agir, par analogie avec le sort, étudié ci-dessus, du recours en révision portant sur une décision ultérieurement cassée. Il peut en conséquence être recommandé au tiers qui formerait le projet de s'opposer à une décision susceptible d'appel, d'attendre l'expiration du délai d'appel de celle-ci pour agir.

Il est également légitime de s'interroger sur le sort du tiers-opposant lorsque l'une des parties fait opposition ou forme pourvoi en cassation. La solution en cas de pourvoi semble évidente, et serait à aligner sur celle qui s'applique en matière de révision. L'opposition représente un conflit plus intéressant, et, si la première intuition logique conduit à envisager un régime identique à celui qui prévaut en cas d'exercice d'un appel, le texte impose un régime bien différent. L'article 571 du Code de procédure civile dispose en effet que l'opposition n'est ouverte qu'à la partie défaillante, l'intervention du tiers n'y est partant pas envisageable. Si un jugement de rétractation sur opposition[277] a lieu contre un jugement qui ferait l'objet d'une tierce-opposition, il est prévisible que cette dernière serait déclarée irrecevable, et que son auteur devrait en former une nouvelle contre le nouveau jugement rendu sur opposition. Il peut ici encore être conseillé au tiers qui se prévaudrait d'une cause de tierce-opposition d'attendre l'expiration du délai d'opposition, s'il a connaissance d'une cause d'opposition affectant la procédure.

65 - Non-cumul des voies de rétractation. Une application particulière de la règle du recours subsidiaire est perceptible dans le principe de non-cumul des voies de rétractation. La Troisième chambre civile de la Cour de cassation exclut ainsi la possibilité de former un recours en révision contre une ordonnance de référé, au motif de leur susceptibilité à être « rapportées ou modifiées en cas de circonstances nouvelles »[278]. La mise en œuvre du recours en révision comme voie de rétractation est ainsi conditionnée à l'inexistence d'autres voies

---

[277] L'article 572 du CPC précisant que « le jugement frappé d'opposition n'est anéanti que par le jugement qui le rétracte ».
[278] Cass. civ. 3, 11 juil. 2013, n° 12-22.630, Bull. civ. III, n° 89.

aboutissant au même effet. Une telle solution appelle deux observations : d'une part, elle contribue à la préservation du caractère exceptionnel du recours en révision, et d'autre part, elle invite le justiciable à utiliser des techniques de critique du jugement vicié dont les conditions de mise en œuvre lui sont plus favorables[279]. Le caractère particulier de la prohibition de la concurrence entre le recours en révision et la rétractation d'un référé, qui n'est pas une voie de recours quoiqu'indéniablement une méthode de critique du jugement, pourrait inciter à la prudence quant à l'affirmation d'un principe selon lequel le risque de concurrence de la révision avec une autre voie de rétractation se résoudrait toujours au détriment de la première, mais il apparaît que cette interprétation est la plus conforme à l'esprit du texte. Elle peut ainsi être envisagée comme hypothèse dans le cas d'une identité entre une cause de révision et d'opposition, mais n'est pas extensible à la requête en rectification d'erreur matérielle, qui ne permet pas un quelconque réexamen en fait et en droit. Le cumul des voies de rétractation n'est évidemment pas retenu si deux voies de rétractation ne peuvent être invoquées par la même personne, ainsi l'ordonnance de référé peut faire l'objet d'une tierce-opposition[280]. Le principe de non-cumul des voies de rétractation a également une acception temporelle : il n'est pas possible de solliciter plusieurs rétractations fondées sur la même cause, en application par ailleurs du principe général de respect de l'autorité de la chose jugée. Ainsi, révision sur révision ne vaut, sauf à apporter un élément nouveau qui constituât une cause de révision[281].

66 - Dévolution de compétence - Report du recours. Deux formes originales de résolution des conflits potentiels entre méthodes de critique existent. Leur nature n'est pas l'incompatibilité, mais l'application des règles dévolutives de compétence de droit commun pour la première, et l'aménagement temporel pour la seconde.

---

[279] Lauvergnat L., « Recours en révision : exclusion des décisions de référé », Gaz. Pal. 10 déc. 2013 n° 344.
[280] Fricero N., *Tierce-opposition*, préc., n° 25.
[281] Guinchard S. et alii., *Procédure civile*, op. cit., n° 1290.

Les requêtes en rectification ne tendant pas à faire rétracter ni réformer le jugement, mais simplement à obtenir une modification de celui-ci, leur sort est incidemment lié à celui de la décision critiquée. Ainsi, l'exercice d'une voie de recours ordinaire contre la décision erronée prive la partie qui se prévaut de l'erreur de toute possibilité d'exercer sa requête sur un chef faisant l'objet du recours, la compétence sur ce chef étant transférée à la juridiction chargée d'examiner le recours[282]. À l'inverse, la formation d'un pourvoi en cassation ne fait pas obstacle à une rectification du jugement faisant l'objet de ce pourvoi[283], solution logique au regard l'effet dévolutif du pourvoi en cassation, mais également, en pratique, au caractère exécutoire faisant l'objet d'un pourvoi, qui implique que la décision susceptible d'être exécutée soit en mesure l'être, et, partant, soit purgée de l'erreur affectant son dispositif.

En outre, une procédure unique se trouve dans le régime du pourvoi dans l'intérêt de la loi, qui contient une mesure visant à le prémunir de toute interférence avec d'autres voies de recours : le représentant du Ministère Public doit attendre l'expiration du délai des voies de recours ordinaires dont est susceptible le jugement contre lequel il compte former pourvoi, à moins que celui-ci ne soit exécuté sans réserve[284]. Il s'agit d'une méthode prophylactique à la fois efficace pour éviter des recours inutiles du Ministère Public contre des décisions qui auraient vocation à être anéanties, réduisant son intervention dérogatoire au principe selon lequel le procès civil est la chose des parties à un dernier recours, et qui présente l'avantage d'être d'une grande simplicité à appréhender. Si d'aventure une intervention législative sur le domaine des cumuls entre voies de recours devait avoir lieu, l'extension adaptée de ce principe à l'exercice du recours en révision aurait pour mérite, si ce n'est de révolutionner la matière, de la clarifier considérablement.

Alors que toute refondation législative en matière de voies de recours semble utopique en des temps où la question n'est pas au cœur de la préoccupation du législateur, celle-ci ne manquerait pas de pertinence, au regard du décalage croissant entre les textes, la pratique

---

[282] Fricero N., *in* Guinchard S., *Droit et pratique de la procédure civile*, op. cit., n° 522.103.

[283] *Ibidem.*

[284] Guinchard S. et alii., *Procédure civile*, op. cit., n° 1304.

et les exigences tirées des droits fondamentaux. Puisque le droit au recours apparaît, nonobstant les limitations qu'il subit, faire l'objet de garanties indiscutables, il nous semble qu'il serait opportun de mettre fin à un système quelque peu hypocrite à ce sujet, et ce afin d'aligner les sources textuelles avec un régime effectif tout à fait efficace.

Section 2. La perfectible efficacité des techniques de critique

67 - Division. Face à l'apparence initiale d'une matière peu homogène, nous avons établi que le régime général de la critique d'une décision dite définitive est fondé sur un équilibre entre droits fondamentaux. La constatation de ce régime général serait non-avenue si elle ne pouvait être corroborée, dans le droit tel qu'il se pratique, par une certaine unité entre les modalités procédurales des différentes techniques de critique. Il apparaît que l'exercice des recours ouverts par le législateur comme par la jurisprudence est efficacement garanti par des procédures souvent comparables, mais toujours parées de quelques différences. Si cet état du droit, en grande partie conforme aux exigences posées par le droit européen des droits de l'Homme, peut satisfaire la pratique, il n'en demeure pas exempt de plusieurs défauts. Nous distinguerons dans leur étude deux temps procéduraux, en premier lieu les modalités de saisine au juge, marquées par un certain manque de cohérence résultant de leur indéniable disparité (§ 1er), alors qu'en parallèle un régime général plus satisfaisant saurait être déduit du caractère unitaire de l'office du juge saisi du recours, ce que nous apprécierons dans un second temps (§ 2).

§1. L'éclatement évitable des formalités juridictionnelles

68 - Division. L'exercice du droit fondamental à la critique du jugement irrégulier, en tant qu'il existe, impose avant tout, pour n'être pas illusoire, la garantie de l'accès du justiciable à la juridiction en charge d'examiner son recours. Le Code de procédure civile n'aborde les techniques de critique d'une décision dite définitive que par le biais d'une collection de régimes particuliers. Ces régimes sont marqués par la diversité peu justifiable des délais qui en conditionnent l'exercice (A), tandis que les conditions formelles de la saisine du juge sont marquées par une dichotomie découlant raisonnablement des caractères propres à chaque recours (B). L'accès au juge du recours revêt finalement une caractéristique essentielle que nous nous efforcerons de mettre en exergue, qui est sa grande flexibilité au regard du but recherché par chaque méthode de critique.

A. L'adaptation contestable des délais d'action

69 - Généralités – Nécessité d'un délai d'exercice – Diversité de points de départ. Toute décision de justice qui n'est pas provisoire par nature, à savoir toute décision qui se prononce sur le fond du droit, est considérée comme une décision définitive[285]. Si l'emploi de ce terme en la circonstance relève certainement d'un abus de langage[286], il n'en est pas moins significatif de l'espérance d'immuabilité que doit revêtir tout jugement afin que la justice, une fois rendue, ne reste pas lettre morte. Ainsi, si la critique de la décision est possible, celle-ci doit être enfermée dans des délais précis, afin que l'espérance légitime d'immuabilité du jugement puisse se renforcer de manière prompte et certaine. La première constatation qui peut être faite au sujet des délais encadrant l'exercice des recours étudiés est leur grande variété, qui laisse planer le doute sur l'existence en l'espèce d'un régime général. Celui-ci n'est pas absent, puisque les délais en la matière ont pour caractères communs d'une part un principe essentiel qui est de ne pas être, en principe, suspensifs d'exécution [287], et d'autre part la conséquence de leur écoulement, qui est la forclusion. Le caractère le plus poignant du régime général des délais de recours réside en fait en son absence, en la casuistique justifiée ou non du législateur qui garantit à chacun de ces recours une possibilité temporelle d'exercice plutôt généreuse. Il nous apparaît donc ici essentiel de distinguer la durée réelle de la durée textuelle de l'exercice d'une voie de recours. La menace effective que présente le recours sur l'irrévocabilité du jugement est bien plus tangible dans le cas d'une voie prévue pour être exercée à bref délai, mais dont le point de départ est reporté à la réalisation d'un événement futur et incertain, qu'elle ne le serait si le recours était enfermé par le texte dans un délai d'exercice plus long mais au point de départ certain et proche de la décision attaquable. C'est pourquoi nous choisirons d'envisager les divergences entre ces délais au regard de leurs points de départ, car il s'agit là de l'élément

---

[285] Guinchard S. et alii., *Procédure civile*, op. cit., n° 1125.

[286] Voir *supra*, n° 9.

[287] Ce qui est explicitement disposé part l'article 579 du CPC pour les voies de recours extraordinaires, et est inhérent par nature aux autres techniques de critique étudiées qui ne constituent pas des voies de recours. Quant à l'appel-nullité autonome ou restauré, son exercice même par restauration *a posteriori* prive évidemment son délai de tout effet suspensif.

fondamental d'influence de la durée réelle d'un délai d'exercice et de son effet sur la sécurité juridique.

En conséquence, les recours dont les délais d'exercice ont pour origine la survenance d'un événement objectif se distinguent des recours dont ces délais ont pour origine la survenance d'un événement subjectif. Les délais assortis de points de départ objectifs sont les plus communs, c'est ainsi que l'appel et l'opposition, voies de recours ordinaires, doivent s'exercer en principe dans un délai d'un mois à compter de la notification du jugement à la partie appelante en matière contentieuse, et quinze jours en matière gracieuse[288]. Le délai d'exercice de ces voies s'écoule ainsi à partir d'un événement certain en sa réalité et en sa date, dont la survenance dépend uniquement du cours procédural ordinaire. Ainsi, sont des points de départ objectifs de l'écoulement du délai d'exercice d'un recours : la signification d'un jugement, plus généralement sa notification ou, le cas échéant, sa lecture publique, mais également l'accession d'un jugement à la force de chose jugée. À l'inverse, toute voie de recours dont l'exercice dépendra de la réalisation d'un événement fortuit et propre à une partie verra son délai computé à partir de la réalisation de cet événement que nous dirons subjectif. Il peut légitimement être considéré que les délais de recours à point de départ objectif sont plus protecteurs de la sécurité juridique que les délais courant à partir d'une cause subjective propre à leur auteur, et il apparaîtrait alors regrettable que l'objectivité ne constituât pas la règle en matière de recours d'exception tout autant qu'elle la constitue déjà en ce qui concerne les voies de recours dites ordinaires. La réalité est pourtant plus complexe, puisqu'il existe parmi les techniques étudiées des délais à point de départ objectif, un délai à point de départ subjectif voire une absence totale de délai. Cette variété, si elle peut apparaître fondée de prime abord, ne résiste pas à une analyse propre à chaque recours, et laisse entrevoir dans les textes la potentialité d'un régime général du délai dont il serait sain que le législateur s'empare. Nous tâcherons, à l'appui de cette affirmation, d'étudier les délais encadrant l'exercice de chaque recours faisant l'objet de cet ouvrage au travers du prisme de son point de départ.

---

[288] Aux termes de l'article 538 du CPC.

70 - Délais à points de départ objectifs. La réalité est plus nuancée, nombre de recours de nature à porter atteinte à la force de chose jugée s'exercent en effet à partir d'un point de départ fixe et objectif. Cette caractéristique peut tout d'abord s'expliquer par la nature même du recours, l'objectivité du point de départ résultant de l'emprunt du régime d'une technique de critique à celui d'une voie de recours ordinaire. Tel est le cas de l'appel-nullité autonome ou restauré, dont il est admis qu'il ne puisse accorder plus de droits au plaideur qui l'exerce que ne lui en offrirait la situation où ses droits procéduraux n'auraient pas été atteints par l'intervention du législateur[289]. Ainsi, l'appel-nullité s'exerce selon les délais de la voie d'appel qu'il restaure, computés à partir de la notification du jugement, que ce délai soit celui de droit commun ou celui applicable à une situation particulière. Il en est pour exemple du délai de quinze jours pour un appel contre un jugement avant dire droit ou encore du délai de dix jours d'appel contre certaines[290] décisions en matière de procédures collectives[291].

Il est ensuite d'autres techniques de critique dont le point de départ est objectif par nature. Nous visons ici la requête tendant à corriger l'omission de statuer ou le prononcé de choses non-demandées, requête qui se voit en conséquence assortie d'un délai à point de départ objectif fixé par l'article 463 du Code de procédure civile, à savoir à un an après le passage du jugement en force de chose jugée, à l'exception du cas où un pourvoi aurait été formé sur le même chef. Ceci n'est guère surprenant puisque les imperfections du jugement procédant d'une erreur du juge peuvent être comparables aux causes d'appel, en ce qu'elles consistent un défaut inhérent à la manière de juger dont chaque partie peut avoir connaissance dès sa lecture de la décision. La cause de ces recours est objective tout comme la possibilité pour les parties d'en avoir connaissance, seul l'objet de l'erreur différencie *in fine* la cause d'appel de la recause des recours fondés sur l'erreur. En matière d'*infra*, d'*ultra* ou d'*extra-petita*, le fait générateur du recours est même plus objectif encore que la cause d'appel, puisque cette dernière réside dans l'allégation d'une mauvaise appréciation des faits ou d'une mauvaise application du droit qui fera l'objet d'un débat, tandis que, correctement

---

289 Sur l'atteinte : voir *supra*, n° 58 et s.

290 Exemple de la conciliation en procédures collectives : délai de l'article L. 611-10 du Code de commerce.

291 Guinchard S. et alii., *Procédure civile*, op. cit., n° 1157.

caractérisées, l'omission de statuer ou le prononcé de choses non-demandées constituent à l'égard de la décision des griefs bien difficiles à contester sérieusement. En imposant ce délai peu commun dans l'ordre processuel, le législateur fait preuve d'une remarquable analyse casuistique du recours qu'il encadre, et ce selon deux considérations. La requête en complément ou en retranchement semble en premier lieu avoir été considérée comme plus attentatoire à l'autorité de la chose jugée que les requêtes en rectification, justifiant sa circonscription dans le temps. En revanche, cette requête semble avoir été perçue comme moins attentatoire à l'autorité de la chose jugée que l'appel, tout autant que fondée sur une cause plus grave que celui-ci, à savoir la violation d'un principe directeur du procès[292]. Elle a été partant assortie d'un délai d'exercice plus long qui est d'autant moins gênant que le recours ne s'inscrit pas dans l'ordre procédural normal et ne conditionne pas l'accession à la force exécutoire, à la force de chose jugée ou à l'irrévocabilité de la décision. Deuxièmement, l'originale fixation du point de départ du délai au jour du passage de la décision en force de chose jugée s'explique par la nécessaire prise en compte du principe de report de la requête, celle-ci étant subsidiaire à l'exercice de voies de recours[293].

Enfin, nous pouvons ajouter que la tierce-opposition exercée à titre principal se distingue également par l'objectivité par nature du point de départ du délai d'exercice de son recours. La tierce-opposition est une voie de recours fondée sur la simple constatation d'un grief aux droits du tiers à un jugement[294], et ce grief, quel que soit l'instant où il est décelé, existe depuis le prononcé même de la décision critiquée. Le point de départ du délai de tierce-opposition est alors fixé par l'article 586 du Code de procédure civile au jour de la décision, ce qui est bien légitime puisque le tiers n'aura naturellement pas été visé par les procédures de notification qui conditionnent habituellement l'exercice d'une voie de recours. La tierce-opposition exercée à titre principal se caractérise en outre par la grande longueur de son délai d'exercice, celui-ci étant de trente ans. Cette durée s'analyse comme un héritage de la jurisprudence antérieure à la refonte du Code de

---

[292] Voir *supra*, n° 27.
[293] Voir *supra*, n° 66.
[294] Voir *supra*, n° 37.

procédure civile en 1975. Celui-ci avait aligné ce temps légal sur celui de ce qui était à l'époque celui de la prescription de l'exécution, et ce afin de permettre au tiers de se défendre malgré la révélation tardive du grief[295]. Force est de constater qu'un tel délai fait peser une menace particulièrement durable sur la sécurité juridique, bien que celle-ci doit être tempérée en considérant qu'à l'exception des matières indivisibles, la tierce-opposition ne remet pas en cause le jugement relativement aux parties[296]. Il n'en demeure pas moins que la disposition peut légitimement être considérée comme anachronique à l'heure où l'exécution des jugements se prescrit au terme de dix ans[297].

71 - Délai à point de départ subjectif. Le recours en révision apparaît finalement comme la seule technique de critique d'une décision passée en force de chose jugée qui s'exerce durant un délai dont le point de départ est subjectif. L'article 596 du Code de procédure civile dispose en effet que le délai court « à compter du jour où la partie a eu connaissance de la cause de révision qu'elle invoque », ce qui fait référence à un événement fortuit et propre à la partie qui s'en prévaut. La contrepartie à l'inscription indéfinie d'un pareil délai dans le temps procédural est sa relative brièveté, puisque dès lors que le délai court, il est de deux mois. Ce délai ne peut commencer à s'écouler, et c'est heureux, qu'à partir de la notification du jugement. Ceci ne dispense pas la partie à un jugement non-notifié qui prend connaissance d'une cause de révision d'effectuer toutes les diligences pour que la notification soit faite, à défaut de quoi elle s'expose à la perte du bénéfice des voies de recours prévue au terme de deux ans dans de pareilles circonstances par l'article 528-1 du Code de procédure civile[298]. Il est à noter qu'une incertitude existe au sujet de l'acte de nature à interrompre l'écoulement du délai : l'article 598 du même code fait état d'une « citation », ce qui peut être compris comme tout acte introductif d'instance, mais semble devoir s'interpréter comme une

---

[295] Fricero N., *Tierce-opposition*, préc., n° 127.
[296] Voir *supra*, n° 13.
[297] Fricero N., *Tierce-opposition*, préc., n° 129.
[298] Colson R., *Recours en révision*, préc., n° 84 et n° 85.

assignation, à l'exception des cas où la loi en dispose autrement[299]. Le caractère subjectif du point de départ du recours pose surtout un important problème probatoire, il incombe en effet au défendeur à la révision de prouver, par tout moyen, la date à laquelle il prétend avoir eu connaissance de la cause de révision, à défaut de quoi il appartient au juge de relever d'office l'irrecevabilité du recours[300].

Il apparaît finalement qu'en dépit de son intérêt pour la protection du requérant, l'opportunité de l'existence dans le régime des voies de recours d'un délai à point de départ subjectif nous semble tout à fait discutable. Elle relève tout d'abord d'une certaine incohérence, qui réside dans une distinction artificielle entre deux voies de recours que le législateur unit pourtant sous la, certes contestable[301], bannière de voies de recours extraordinaires. En effet, s'il est considéré que le délai de la tierce-opposition doit courir dès le prononcé du jugement puisque, peu importe le moment où il est révélé, le grief aux droits du tiers qui en est la cause prend naissance dès ce prononcé, pourquoi ne pas pareillement décider que la fraude[302] qui a causé le recours en révision a vicié le jugement dès son origine et fonde en conséquence, sous réserve de l'attente du passage en force de chose jugée, le point de départ d'un délai objectif de recours ? Rien ne semble justifier une pareille différence de traitement. Celle-ci paraît en premier lieu défavorable au tiers, dont le délai réel de recours est enfermé dans un temps précis dès le prononcé du jugement. Elle est en réalité bien plus préjudiciable à la partie victime d'une fraude, qui sera tenue à une plus grande diligence dès la découverte de la cause de son recours, que le tiers ne l'aurait été dans la même situation. En outre, le tiers ne subit pas les difficultés probatoires résultant de la subjectivité du point de départ. Nous appelons de nos vœux un alignement des délais d'exercice de la tierce-opposition et du recours en révision sur des points de départ objectifs, puisque différer le point de départ du délai d'exercice d'un recours à la connaissance de sa cause revient finalement à confondre la

---

[299] Bléry C., « Qu'est-ce qui fait courir le recours en révision ? », Gaz. Pal. 9 sept. 2006 p. 77, et voir *infra*, n° 74, sur les modalités contestées de l'introduction du recours en révision.

[300] Colson R., *Recours en révision*, préc., n° 86 et s.

[301] Voir *supra*, n° 12 et s.

[302] Voir *supra*, n° 31 et s.

naissance de la cause et la capacité à la partie à s'en prévaloir. Étant établi que tout jugement doit tendre vers l'irrévocabilité[303], l'incohérence qui existe entre le régime de la tierce-opposition qui s'attache à la naissance de la cause du recours et le régime du recours en révision qui s'attache à la connaissance de cette cause doit se résoudre au profit du premier qui nous semble davantage de nature à concilier la garantie de la chose jugée et le droit du justiciable à la critique.

72 - Exercice sans délai. Nous ne pouvons enfin éluder le fait que certains des recours étudiés ne sont pas encadrés par des délais. Tel est le cas des requêtes en rectification des erreurs matérielles[304], de la technique du rabat d'arrêt[305], de la tierce-opposition exercée à titre incident[306] et des pourvois du procureur général près la Cour de cassation dans l'intérêt de la loi ou pour excès de pouvoir[307]. Les implications de ces absences de délais sont très diverses. Elles sont mineures en ce qui concerne la rectification des erreurs matérielles qui ne remet pas en cause la substance de la chose jugée, ou en ce qui concerne le pourvoi du procureur général près la Cour de cassation dans l'intérêt de la loi qui n'a aucun effet relativement aux parties. Elles peuvent être majeures dans la situation du pourvoi du procureur général près la Cour de cassation pour excès de pouvoir, puisque l'absence de délai conditionnant la mise en œuvre de mécanismes analogues a été expressément mentionnée par la Cour européenne des droits de l'Homme comme un critère pris en compte dans l'appréciation du caractère attentatoire de ces procédures aux droits garantis par la Convention.

Il serait souhaitable que des modifications soient apportées à ces régimes. S'il est impératif qu'une technique comme celle du pourvoi du procureur général près la Cour de cassation pour excès de pouvoir soit assortie de délais de forclusion plutôt brefs, nous pensons qu'un délai d'exercice devrait assortir l'ensemble des voies de critique d'un

---

[303] Voir *supra*, n° 52.

[304] Eudier F. et Gerbay N., *Jugement*, préc., n° 470.

[305] *Ibidem*, n° 418.

[306] Fricero N., *Tierce-opposition*, préc., n° 131.

[307] Guinchard S. et alii., *Procédure civile*, op. cit., n° 1304.

jugement dit définitif, et que ce délai devrait être concomitant à celui de la prescription de l'exécution. La pratique a d'ailleurs consacré un tel délai en matière de requêtes en rectification des erreurs matérielles[308]. Nous ne voyons en effet ni l'intérêt à exercer de recours pour une partie ou un tiers une fois ce délai expiré, ni l'avantage à réformer dans l'intérêt de la loi une décision déjà ancienne. Il nous semble de surcroît qu'une telle disposition, qui serait de nature à rendre bien plus tangible la notion d'irrévocabilité, au bénéfice d'une matière marquée par la conciliation entre des intérêts parfois contradictoires, serait de nature à affirmer et clarifier un régime général bien plus complet du délai d'exercice de la critique d'une décision dite définitive, et ce sans altérer la substance du droit, qui permet déjà de distinguer de telles limites dans la pratique. La rationalité des délais présente une importance certaine, ceux-ci constituant le premier filtre à toute action, l'action étant ensuite subordonnée à ses conditions propres.

B. L'adaptation pragmatique des conditions d'action

73 - Procédures sur requête. L'introduction d'un recours suppose avant tout que le plaideur respecte les conditions générales de l'action en justice, telles que définies par l'article 30 du Code de procédure civile, et saisisse le bon juge, éléments communs sur lesquels il n'y a pas lieu de s'attarder. Différentes modalités de saisine du juge chargé de remettre en cause une décision dite définitive vont ensuite se distinguer, correspondant aux besoins propres à chaque technique de critique. Nous distinguerons tout d'abord les recours qui s'introduisent par des procédures sur requête de ceux s'introduisant par l'exercice d'une procédure contentieuse. En premier lieu des techniques s'introduisant sur requête se trouvent les techniques qui portent le nom même de la requête, à savoir la requête en rectification des erreurs matérielle ainsi que les requêtes en complément ou en retranchement, respectivement prévues par les articles 462, 463 et 464 du Code de procédure civile, cette modalité de saisine du juge n'est néanmoins pas limitée à ces mécanismes et concerne également la technique du rabat d'arrêt[309].

[308] Eudier F. et Gerbay N., *Jugement*, préc., n° 470.
[309] Cass. ass. plén., 30 juin 1995, préc.

La terminologie employée par le législateur et la pratique peut poser question. En effet, l'emploi du terme de « requête » en procédure civile apparaît quelque peu amphibologique. Les requêtes étudiées sont-elles alors des déclinaisons particulières de la requête conjointe et de la requête simple définies par les articles 57 et 58 du Code de procédure civile, ou bien de la requête gracieuse prévue par les articles 60 et 61 du même code, ou encore constituent-elles un régime *sui generis* ? La doctrine semble reconnaître l'autonomie de la « simple requête » visée par les articles 462, 463 et 464 du Code de procédure civile[310], ou, par extension, de la requête en rabat d'arrêt, ce qui se conçoit d'autant mieux que ni la requête contentieuse ni la requête gracieuse telles que définies et réglementées par ailleurs par le Code ne sauraient s'appliquer, sans incompatibilité avec ses exigences propres, à la situation spécifique des requêtes étudiées. Le formalisme de rédaction de ces requêtes tel que retenu par la pratique[311] est en réalité tout à fait comparable à celui qui a cours en matière de requête gracieuse, et ce en accord avec la logique sous-tendant ces recours, qui n'est pas la poursuite de la contestation. Nous ne pouvons que trouver regrettable que le législateur n'ait pas défini de manière plus accessible la « simple requête », voir qu'il ait employé un terme qui soit à ce point vecteur de confusions, dans une situation où l'accessibilité du droit devrait être particulièrement soignée, eu égard à la possibilité pour des justiciables de former la requête en se dispensant du ministère d'avocat.

La représentation par un avocat pour former une requête en rectification des erreurs matérielles, complément ou retranchement n'est en effet pas systématique, elle est fonction de la règle qui prévalait au cours de l'instance initiale critiquée. Ainsi, la requête contre une décision pour laquelle le ministère d'avocat avait été obligatoire doit également être introduite par un avocat, tandis que la requête contre une décision qui ne découle pas d'une procédure à représentation obligatoire peut être formée par la partie en personne[312]. Nous estimons

---

[310] Voir par exemple Fricero N., *in* Guinchard S., *Droit et pratique de la procédure civile*, op. cit., n° 522.52 et n° 523.41 : nomme « simple requête » la modalité de saisine du juge pour la réparation d'une erreur matérielle, d'une omission de statuer ou du prononcé de choses non-demandées, et reconnaît ses formalités propres.

[311] Exemple de la forme proposée par le *Formulaire Dalloz*.

[312] Eudier F. et Gerbay N., *Jugement*, préc., n° 470 et n° 491.

qu'il aurait pu être ici distingué entre requêtes en omission de statuer ou prononcé de choses non-demandées d'une part, et requête en rectification d'autre part. Si dans le premier cas, la preuve de la méconnaissance par le juge de l'objet du litige peut exiger un argumentaire juridique substantiel, la requête en rectification des erreurs matérielles ne remet pas en cause la « substance de l'œuvre juridictionnelle »[313], et il nous semble que l'assistance du plaideur par un avocat n'est pas indispensable à son bon aboutissement. La déduction des exigences procédurales au regard de celles qui encadraient la décision initiale n'est toutefois pas dénuée d'intérêt, elle présente un avantage au sujet de la convocation des parties. Les requêtes prévues par les articles 462, 463 et 464 du Code de procédure civile n'ayant, à l'inverse des requêtes contentieuses, guère vocation à permettre une action à l'insu de l'adversaire, il est partant nécessaire d'aviser celui-ci de la procédure engagée pour garantir le respect du contradictoire. Confrontée au silence du législateur, c'est la pratique qui a défini les modalités de cette communication au regard de la présence d'un avocat ou non à l'instance critiquée : lorsqu'un avocat a été constitué, c'est à lui que peut s'adresser le greffe, par avis, pour convoquer les parties à l'audience, à défaut de quoi la convocation se fait par lettre recommandée avec accusé de réception[314]. Quant à la requête en rabat d'arrêt, celle-ci doit être notifiée concomitamment à son dépôt au greffe par la partie qui l'exerce[315].

Une singularité notable de l'introduction du recours par requête est que celle-ci n'est pas impérative. Elle peut être contournée, et ce aussi bien par les parties que par le juge. En ce qui concerne ce dernier, la règle est simple : la requête en rectification de l'erreur matérielle[316], tout comme la requête en complément ou en retranchement[317] et la requête en rabat d'arrêt[318], peut être exercée d'office par le juge qui

---

[313] *Ibidem*, n° 412.

[314] Fricero N., *in* Guinchard S., *Droit et pratique de la procédure civile*, op. cit., n° 522.55.

[315] *Ibidem*, n° 522.124.

[316] Aux termes du second alinéa de l'article 462 du CPC.

[317] Acceptation par la Cour de cassation : Cass. com., 28 avr. 1987, n° 85-15.674, Bull. civ. IV, n° 94.

[318] Fricero N., *in* Guinchard S., *Droit et pratique de la procédure civile*, op. cit., n° 522.124.

découvrirait sa méprise. Au regard des parties, la possibilité d'exercer une critique par requête a pu être analysée comme une simple facilité accordée au plaideur, visant à lui éviter la procédure longue et onéreuse de l'assignation, facilité à laquelle il était en droit de renoncer pour saisir la juridiction par voie d'assignation[319]. Cette solution nous semble à tempérer, car, elle n'est certaine qu'en matière de requêtes en correction de l'omission de statuer ou du prononcé de choses non-demandées, ce qui peut se concevoir, puisque ces requêtes présentent ce que nous pourrions nommer une trace de caractère contentieux, remettant en cause des points de fond du litige. Elle nous semble difficile à transposer en matière de requêtes en rectification de l'erreur matérielle, dont le caractère contentieux fait complètement défaut, ce qui paraît incompatible avec cette forme d'introduction d'une demande exclusivement contentieuse.

74 - Procédures contentieuses par leur objet. La plupart des recours contre une décision dite définitive relèvent *a contrario* de procédures de nature contentieuse. Nous distinguerons d'une part les techniques de critique soumises à la procédure contentieuse du fait de leur objet, et d'autre part les techniques de critique contentieuses par nature. Sont contentieux du fait de leur objet le recours en révision et la tierce-opposition. Il ne s'agit là que de cohérence dans le régime de recours qui se caractérisent par la remise en cause substantielle de l'autorité de la chose jugée, en abattant l'obstacle à la continuation de la contestation que constitue la force de chose jugée attachée au jugement. La correction de l'appréciation des faits ou du droit par le juge résultant d'une fraude ou de l'atteinte au droit du tiers implique qu'il soit statué sur le fond du litige, et, partant, que la juridiction soit saisie dans les formes exigées pour l'introduction initiale de ce même litige. L'alinéa troisième de l'article 587 du Code de procédure civile précise en conséquence que, même en matière gracieuse, la tierce-opposition doit être instruite selon les règles de la procédure contentieuse. En revanche, nulle disposition expresse n'ouvrant le recours en révision en matière gracieuse, et cette ouverture étant contestée[320], il n'est pas surprenant que les textes relatifs au recours en révision soient silencieux au sujet de la nature que peut prendre l'instance en révision d'une décision gracieuse. Une analyse

---

[319] Eudier F. et Gerbay N., *Jugement*, préc., n° 490.
[320] Voir *supra*, n° 35.

pragmatique permet cependant de considérer que le recours en révision, fût-il exercé contre une décision rendue à titre gracieux, fait par essence naître un litige, et doit partant être instruit et jugé selon les règles applicables à la matière contentieuse[321].

La pratique a tiré, dans l'établissement du régime de leur introduction à titre principal, les bonnes conséquences de la nature contentieuse commune aux deux recours envisagés, encadrant une œuvre législative une fois encore lacunaire. L'article 598 du Code de procédure civile dispose que le recours en révision doit être introduit par citation des parties au jugement critiqué. La nature de cette citation est sujette à controverse. D'aucuns considèrent qu'il se déduit des possibilités d'ouverture du recours en révision qu'il ne peut s'agir que d'une assignation[322], tandis que d'autres, que nous rejoignons, remarquent qu'il n'y a pas lieu de distinguer là où la loi ne distingue pas, et que, partant, cette citation peut prendre toute forme d'acte introductif d'instance en matière contentieuse que prévoit le Code de procédure civile[323], même s'il convient effectivement de constater qu'en pratique, les circonstances favorisent le recours à l'assignation. À l'inverse, en matière de tierce-opposition, nulle précision textuelle n'aborde la question de la saisine du juge. La Cour de cassation a reconnu que cette saisine résulte d'un acte introductif d'instance[324], qui prend la forme d'une assignation ou d'une requête conjointe. La tierce-opposition est réputée formée à la signification de l'acte introductif d'instance à son défendeur[325]. En matière de révision comme en matière de tierce-opposition, il est essentiel que la citation soit faite à toutes les parties à l'instance initiale, à peine d'irrecevabilité. Cette irrecevabilité est textuellement prévue dans le cadre du recours en révision par l'article 597 du Code de procédure civile. La pratique ayant reconnu à cette formalité un caractère d'ordre public, l'irrecevabilité

[321] Colson R., *Recours en révision*, préc., n° 107 et n° 114.
[322] D'Ambra D., *in* Guinchard S., *Droit et pratique de la procédure civile*, op. cit., n° 552.131.
[323] Colson R., *Recours en révision*, préc., n° 106.
[324] Cass. civ. 2, 8 juil. 2004, n° 02-12.789, Bull. civ. II, n° 401.
[325] Il existe une situation dérogatoire en Alsace-Moselle, où l'alinéa premier de l'article 31 de l'annexe idoine du CPC prévoit que la tierce-opposition est formée dès sa remise au greffe.

peut être relevée d'office par le juge[326]. L'exercice de la tierce-opposition est soumis à des exigences comparables, résultant de l'article 584 du Code en ce qui concerne la tierce-opposition formée contre un jugement indivisible[327]. La Cour de cassation a même décidé qu'il appartient en ce cas au juge de déduire l'irrecevabilité de l'absence des parties à l'audience de tierce-opposition[328]. Il peut être considéré que, malgré l'absence de sanction textuellement prévue, la tierce-opposition en toute matière, même divisible, doit être formée contre toutes les parties au jugement attaqué[329], ce qui semble aller dans le sens de la bonne administration de la justice. Une formalité de communication propre au recours en révision est enfin à noter : celui-ci doit être communiqué au Ministère public, aux termes de l'article 600 du Code de procédure civile, par la partie à l'initiative de la citation. Les exigences de l'article 600 doivent être mises en balance avec l'article 428 du même code qui prévoit que la communication au Ministère public est à la diligence du juge, et c'est bien vers cette dernière solution que s'est tournée la Cour de cassation[330], ce qui n'empêche pas la formalité d'être d'ordre public[331].

Qu'en est-il lorsque la procédure contentieuse par son objet prend naissance au cours d'un autre contentieux ? La formation d'un recours à titre incident donne lieu à une forme intéressante de mise en abîme procédurale, au sein de laquelle les conditions de saisine de la juridiction sont allégées puisque les parties sont déjà présentes devant celle-ci. Lorsqu'un jugement susceptible de révision est produit au cours d'une instance opposant les mêmes parties, l'alinéa second de l'article 598 du Code de procédure civile dispose que la révision peut être « présentée selon les formes prévues pour un moyen de défense », ce qui s'entend comme la possibilité d'introduire le recours par simples conclusions. Encore faut-il que l'audience au cours de laquelle le jugement litigieux est produit ne soit pas une audience de recours contre

---

326 Colson R., *Recours en révision*, préc., n° 34.

327 Notion d'indivisibilité en tierce-opposition : voir *supra*, n° 13.

328 Cass. civ. 2, 9 juil. 2009, n° 08-18.852, inédit.

329 Fricero N., *Tierce-opposition*, préc., n° 166.

330 Cass. civ. 2, 8 oct. 1986, n° 85-10.225, Bull. civ. II, n° 149.

331 Cass. civ. 2, 6 févr. 1991, n° 89-21.659, Bull. civ. II, n° 46.

ce même jugement[332]. Une telle facilité est rendue possible par la particularité du recours incident en révision, qui est toujours tranché, sauf dispositions d'ordre public, par la juridiction devant laquelle il est soulevé sans préjudice aux règles de compétence, pouvant prendre à la fois la forme d'une rétractation et celle d'une réformation[333]. La situation est ainsi plus compliquée en matière de tierce-opposition, qui est exclusivement une voie de rétractation. La formation du recours par simples conclusions est possible si la juridiction devant laquelle il est soulevé est compétente pour en connaître, à défaut, le plaideur s'en prévalant devra procéder dans les formes prévues pour une demande principale, et, par conséquent, par voie de citation, devant la juridiction compétente[334].

75 - Procédures contentieuses par nature. Nous ne pouvons éluder en conclusion les recours tendant à critiquer une décision dite définitive soumis aux procédures contentieuses d'introduction de l'instance du fait de leur nature même. Nous visons ici l'appel-nullité autonome ou restauré ainsi que les pourvois du procureur général près la Cour de cassation pour excès de pouvoir ou dans l'intérêt de la loi. Ces techniques empruntent les traits de voies de recours caractérisées par une procédure contentieuse, respectivement l'appel et le pourvoi en cassation. La situation de l'appel-nullité, qui restaure la possibilité d'exercer un appel et, par conséquent, en épouse les modalités procédurales, ne pose guère de difficulté particulière. En revanche, les pourvois du procureur général près la Cour de cassation présentent davantage d'originalité : si l'article 18 de la loi du 3 juillet 1967 prévoit la mise en cause, bien légitime, des parties par le procureur général en matière de pourvoi pour excès de pouvoir, l'article 17 de la même loi ne prévoit pas l'intervention des parties à la procédure dans l'intérêt de la loi qui n'aura aucun effet sur leur situation propre[335].

Une telle diversité de régimes démontre qu'un choix a été fait par le législateur, celui de l'analyse casuistique, qui est profitable en l'espèce puisqu'une adaptation des régimes d'introduction de l'instance aux réalités propres à chaque recours n'est que cohérence et permet un

---

[332] Cass. civ. 2, 16 juin 1993, n° 91-14.156, Bull. civ. II, n° 215.
[333] Voir *supra*, n° 18 et n° 19.
[334] Fricero N., *Tierce-opposition*, préc., n° 164 et n° 165.
[335] Loi n° 67-523 du 3 juil. 1967.

exercice effectif du droit d'accès au juge. Nous pouvons cependant déplorer que le manque de vision transcendante du législateur ait abouti à certaines omissions qu'il est revenu à la pratique de réparer, créant quelques disparités évitables dans une matière qui gagnerait à être rationalisée. La diversité des modalités de saisine du juge ne doit pas occulter une certaine homogénéité de l'office de celui-ci, une fois que ce dernier statue sur le recours introduit, homogénéité qui représente le préalable à toute rationalisation.

§2. L'unité protectrice de la fonction juridictionnelle

76 - Division. L'instance sur recours introduite, il appartient au juge de statuer sur les motifs à l'appui du recours et les prétentions qui en découlent. Ici encore, il devra exercer son office dans le respect de textes différents selon la technique de critique d'une décision dont il aura été saisi. Il ne serait pas juste de blâmer le législateur pour la diversité d'exigences qu'il pose, qui n'est que la conséquence logique de la diversité des techniques de critique dans un domaine qui n'a pas fait l'objet de réflexion transversale. Il nous semble heureusement que la diversité des sources n'affecte par la cohérence du rôle du juge dans l'ensemble des recours étudiés, recours qui se caractérisent finalement par une certaine unité (A) dont la reconnaissance permet d'envisager les perfectionnements à apporter au droit afin qu'un régime général éclaté donne naissance à un régime général unifié (B).

A. L'unité de l'office du juge en droit positif

77 - Office général (principe - examen de la recevabilité). Nous achevons l'étude d'une collection de techniques de critique des décisions juridictionnelles revêtues de l'apparence d'immuabilité pour leurs parties. Il ressort de cette étude que, faute de vision législative englobante, une pluralité de dispositions spécifiques coexistent, et la cohérence ne caractérise pas nécessairement leur juxtaposition. Nous pourrions nous cantonner à cette constatation, et considérer qu'il n'y a point de régime général là où n'existe nul texte général, mais nous pensons que cela reviendrait à ignorer un élément essentiel d'analyse, qui est que l'ensemble de ces procédures confère au juge un office comparable. Cet office est tout d'abord caractérisé par la mise à la charge du juge de démarches de bon sens et tout à fait communes à de nombreuses procédures civiles, dont l'importance ne saurait être minimisée, tant elle est révélatrice de l'unité de la fonction juridictionnelle. Nous désignerons ces dispositions comme relevant de l'office général du juge. Nous ne pouvons évidemment nous permettre d'excéder le champ thématique du présent ouvrage par le rappel de l'ensemble des normes régissant la manière de juger, nous ne retiendrons en conséquence que celles qui nous semblent pertinentes pour caractériser les diligences essentielles du juge saisi sur recours de nature à critiquer une décision passée en force de chose jugée.

Ainsi, le juge du recours est, avant tout examen du fond, le juge de la recevabilité du recours, ce qui revient pour lui à apprécier les conditions générales de l'action en justice comme les conditions propres à l'exercice de la technique de critique précise dont il doit connaître. La distinction entre les conditions de recevabilité et le fond du litige n'est pas une chose aisée, en particulier en ce qui concerne les conditions de recevabilité propres à une méthode de critique, qui peuvent se confondre avec la cause de celle-ci. La recevabilité est une condition que devra rechercher le juge saisi de chacun des recours étudiés, sans qu'il y ait lieu de les distinguer, puisque l'article 122 du Code de procédure civile n'exonère aucune demande de cette condition. L'intérêt de la question en la matière réside dans l'analyse des dispositions plutôt prévoyantes que le législateur a mises en place pour s'assurer du respect de la condition dans certains recours où le risque de confusion est prononcé. Tel est le cas du recours en révision, où l'article 601 du Code de procédure civile enjoint au juge de raisonner en deux temps au sein de la même décision. En effet, à moins d'ordonner un complément d'instruction, faculté qui lui est accordée par le texte, le juge doit distinguer dans le même jugement, tout à la fois : le respect des conditions générales de l'action et de ses délais, puis l'adéquation entre les causes de révision alléguées et les causes textuellement prévues, sans que cela ne préjuge de sa décision au fond[336].

À l'impérative appréciation de la recevabilité du recours, nous pensons que pèse sur le juge une exigence collatérale qui semble tant de bon sens qu'elle n'est formalisée par aucun texte. Il s'agit de l'obligation pour le juge de veiller à l'emploi par le plaideur de la technique de critique correspondant au grief qu'il souhaite voir réparer.

[336] Cass. civ. 2, 12 févr. 2004, n° 02-11.913, Bull. civ. II, n° 64.

Certes, l'existence de confusions pose question sur l'architecture générale des voies de critique, à l'heure où le défaut d'information sur le recours à exercer est considéré comme une atteinte au droit à un procès équitable[337], mais cela ne dispense pas pour autant le juge - et, à notre sens, lui impose même - de vérifier que la voie de recours introduite est bien la voie admissible en la matière et elle seule. La question peut être particulièrement topique en matière de requêtes en rectification et de requêtes en omission de statuer, l'usage de la première en lieu et place de la seconde ayant déjà été rectifié par la Cour de cassation sur le fondement de l'article 12 du Code de procédure civile[338]. C'est là une intervention du juge qui devrait, à notre sens, se généraliser, du fait des faveurs ou défaveurs procédurales qui peuvent résulter de l'usage d'une technique de critique inappropriée. La jurisprudence des juges de cassation n'est malheureusement pas intangible sur le sujet, puisqu'il peut être constaté que la Cour fait parfois siennes les erreurs des justiciables[339]. Il nous paraîtrait salutaire que les juridictions observent plus de rigueur dans ce sens, car, aussi vrai qu'il paraîtrait absurde d'avaliser l'usage du recours en révision en lieu et place d'une tierce-opposition ou vice-versa, la distinction entre les différentes requêtes tendant à purger un jugement de premier degré doit être respectée. Dès lors, nous considérons qu'il est une obligation générale pour le juge d'user soit de son pouvoir de requalification, soit, au besoin, de sa faculté à prononcer des fins de non-recevoir pour corriger les usages erronés de techniques de critique, ce qui permet par ailleurs de faire respecter les garanties extrinsèques des voies de critique entre elles, telles que nous les avons identifiées[340].

78 - Office général (garantie du contradictoire). Une seconde diligence d'ordre général à la charge du juge en matière de recours est le respect du principe fondamental du contradictoire, posé par l'article 14 du Code de procédure civile. Celui-ci dispose que « nulle partie ne peut être jugée sans avoir été entendue ou appelée ». Il se déduit alors sans difficulté que la procédure contradictoire est applicable aux instances

---

[337] CEDH, *Bellet c. France*, 4 déc. 1995, préc.

[338] Cass. civ. 2, 19 oct. 2006, n° 05-17.980, inédit, ou encore Cass. com., 13 févr. 2007, n° 00-12.152, inédit.

[339] Cass. com., 20 févr. 1985, n° 83-14.354, Bull. civ. IV, n° 76.

[340] Voir *supra*, n° 62 et s.

en tierce-opposition et au recours en révision qui ont pour effet de donner lieu à un examen en fait et en droit des prétentions des parties. Ainsi, s'il est acquis que les parties doivent être appelées à l'instance sur recours[341], la Cour doit également respecter le contradictoire de ma même façon que celui-ci aurait été respecté à l'instance initiale, fût-ce aux prix de se conformer aux règles organisant l'échange de pièces en procédure orale[342]. L'article 14 ne prévoit en outre nulle distinction entre les jugements. Les exigences posées par cet article doivent partant s'entendre comme applicables à tout acte juridictionnel qui ne soit pas une mesure d'administration judiciaire, à condition que la loi n'en dispose pas autrement, il convient alors également d'admettre que le contradictoire est un principe directeur qui a cours en matière de requêtes en rectification des erreurs matérielles[343], de requêtes en complément ou en retranchement[344], ou encore de requêtes en rabat d'arrêt[345].

Dans le cadre des requêtes instituées par le Code de procédure civile, le législateur a levé toute ambiguïté au sujet du caractère contradictoire de leur procédure, en relevant que le juge statue en principe après avoir entendu les parties. Il aurait en effet pu être envisagé que de telles procédures, et, en particulier, la requête en rectification des erreurs matérielles, soient dispensées de cette exigence de contradictoire, faute de porter substantiellement atteinte à l'autorité de la chose jugée, d'autant plus qu'en procédure civile, l'emploi du terme de « requête » peut être connoté en procédure civile d'une certaine mise à l'écart du contradictoire, puisque tel est le cas en matière d'ordonnances sur requête. Les précisions législatives et jurisprudentielles sont ici à saluer, car nous ne pouvons envisager que les voies de critique d'une décision visant à perfectionner celle-ci aboutissent à conférer moins de droit au plaideur qu'il n'en aurait eu si elles n'avaient pas été exercées. Attachés au principe de réalité, nous ne pouvons ignorer les conséquences que peut présenter la critique, même minime, d'un jugement, et notamment le risque d'utilisation abusive ou

[341] Voir *supra*, n° 74.
[342] Cass. civ. 2, 26 mai 2011, n° 10-19.738, inédit.
[343] Cass. civ. 1, 4 oct. 2005, n° 04-20.044, inédit.
[344] Eudier F. et Gerbay N., *Jugement*, préc., n° 497.
[345] Fricero N., *in* Guinchard S., *Droit et pratique de la procédure civile*, op. cit., n° 522.126.

frauduleuse de telles voies. En l'absence de contradictoire, la vérification des conditions des conditions de recevabilité reposerait sur le juge et le juge seul, le contradictoire permet au contraire un contrôle supplémentaire par les conclusions de la partie adverse. C'est pourquoi nous soutenons que l'application en la matière de l'article 16 du Code de procédure civile, qui dispose qu'il incombe au juge de faire observer personnellement le principe du contradictoire, est d'une particulière importance et qu'elle participe à part entière à la fonction juridictionnelle de supervision. Si la perfection d'un jugement ne s'effectuait pas dans le respect le plus scrupuleux des droits du justiciable, elle ne serait finalement qu'illusoire.

79 - Office spécial - Correction d'un défaut de pouvoir. Les principes généraux inhérents à la fonction juridictionnelle que nous avons identifiés ne constituent pas le cœur de l'office du juge, mais plutôt des démarches qui lui incombent pour garantir la sincérité de son examen. Il convient à présent d'analyser ce qui caractérise spécifiquement cet office en matière de recours tendant à critiquer des jugements dits définitifs. Nous avons établi que ces recours tirent leur origine d'un droit fondamental du justiciable à critiquer un jugement irrégulier[346]. Dès lors, c'est l'irrégularité soumise à l'appréciation du juge qui constitue le fondement du régime dérogatoire à la chose jugée que ces recours mettent en œuvre. L'office général du juge doit en conséquence être recherché dans l'appréciation de cette irrégularité. La nature de la fonction juridictionnelle nous apparaît ici détachée du fond du litige, dans la mesure il ne s'agit pas de déclarer ou de constituer un nouveau droit, une telle déclaration ou constitution ne pouvant être que l'effet du recours en non son objet. La simple poursuite de la contestation ne saurait justifier la remise en cause de la garantie fondamentale de la chose jugée, surtout lorsque celle-ci a acquis son plus haut degré d'effectivité. Il n'est en effet question ni de rejuger, comme en matière d'appel ou d'opposition, ni de contrôler la bonne application du droit par les juges comme le permet le pourvoi en cassation dans ses hypothèses traditionnelles. Le juge de l'irrégularité est en réalité le juge du pouvoir. Il lui incombe de rechercher si le juge initial a rendu sa décision en conformité avec les limites et exigences du pouvoir qui était le sien, à défaut de quoi le jugement est irrégulier,

---

346 Voir *supra*, n° 58.

car, aussi vrai que le défaut de pouvoir d'une partie rend irrecevable l'action en justice[347], le défaut de pouvoir du juge est ce qui rend intolérable la subsistance d'une décision, et justifie partant que celle-ci puisse être remise en cause malgré l'espérance légitime d'immuabilité dont elle était revêtue. Il convient de préciser notre définition de ce défaut de pouvoir du juge, d'une grande importance, celui-ci constituant la nature processuelle de l'irrégularité, sa manifestation tangible et susceptible de correction. À notre sens, il s'agit d'une carence dans la fonction juridictionnelle caractérisée par le manquement, dans l'exercice de son pouvoir par le juge, de la diligence requise. Le défaut de pouvoir inclut évidemment l'excès de pouvoir, mais n'est pas défini aussi strictement que celui-ci, en ce qu'il n'implique pas nécessairement une atteinte à la séparation des pouvoirs. Il inclut *a contrario* toute anomalie qui a empêché le juge se prononçant de se dessaisir, du fait de l'exercice imparfait de sa mission.

Nous distinguerons les défauts de pouvoir manifestes des défauts de pouvoir révélés. Le défaut de pouvoir manifeste est celui qui est apparent dès sa commission, ou, le cas échéant, dès sa découverte. Il peut tout d'abord émaner de la juridiction, ainsi, il y a d'une part défaut de pouvoir dans la décision altérée par une erreur matérielle qui trahit l'intention du juge, il y a d'autre part défaut de pouvoir lorsqu'un arrêt est rendu sur la foi d'une mauvaise gestion des pièces par les services de la juridiction. Il y a ensuite défaut de pouvoir négatif, par fiction juridique, lorsque le juge n'a pris en considération les effets d'une décision sur un tiers. Enfin, il y a défaut de pouvoir manifeste que nous nommerons incident, qui n'est pas imputable à un tort de la juridiction, lorsque celle-ci n'a pu trancher qu'à la lumière d'une apparence erronée de la situation litigieuse résultant de la fraude commise par une partie, car en ce cas, elle n'a jamais usé de son pouvoir pour trancher la contestation réelle. Le défaut de pouvoir révélé se déduit au contraire des circonstances ultérieures à sa commission alléguée. Nous visons ici la cause de pourvoi du procureur général de la Cour de cassation dans l'intérêt de la loi, qui s'exerce contre une simple mauvaise application d'un texte, ce qui peut sembler ne pas constituer une cause d'irrégularité. Un raisonnement par l'absurde s'impose à ce sujet. Si une violation d'un texte est d'une gravité telle qu'elle justifie que le procureur général près la Cour de cassation exerce à son encontre un

[347] Tel que le dispose l'article 117 du CPC.

pourvoi alors même que celui-ci sera dénué d'effets sur les parties, peut-on envisager qu'il utilise cette prérogative à d'autres fins que celle de corriger une décision qui fait mauvais usage des pouvoirs du juge au point qu'il soit intolérable de la laisser acquérir une quelconque valeur de précédent ? Il nous semble que, sans expressément les mentionner, le pourvoi dans l'intérêt de la loi existe dans le seul but de parer des caractéristiques d'un jugement en tous points proches du défaut de pouvoir. Il s'agit là de la seule justification envisageable à l'existence d'une pareille disposition.

Il en découle que l'office du juge réside tout d'abord dans la correction du défaut de pouvoir. C'est parce qu'il aura caractérisé l'une des circonstances constitutives de cette imperfection de la fonction juridictionnelle qu'il sera fondé à en rechercher les effets sur l'appréciation des éléments composant le litige. S'il apparaît que le défaut de pouvoir a causé une atteinte injuste à la situation d'une partie, d'un tiers ou du droit, en fonction de ce que la voie de recours dont il a été saisi lui demande de rechercher, le juge est fondé à déclarer ou constituer tout droit qui soit de nature à permettre le rétablissement de la régularité judiciaire. Cette mesure dépend alors à bon droit des circonstances dans lesquelles l'irrégularité s'est révélée, ce qui explique l'adaptation casuistique des effets du jugement sur recours. Le juge qui connaît de l'un des recours faisant l'objet de la présente étude n'est pas le juge des parties, il est même possible, dans le cadre de la tierce-opposition[348] et du pourvoi dans l'intérêt de la loi[349], que celles-ci ne soient même pas appelées à l'instance sur recours, ceci tend à confirmer que le juge est seulement juge du pouvoir de la juridiction. Dès lors, sa décision sera parée d'attributs peu communs en matière de voies de recours.

80 - Attributs de la décision sur recours. La décision réparant le défaut de pouvoir est avant tout une décision à visée correctrice, le juge du recours est le juge qui va rétablir le pouvoir juridictionnel dans son intégrité. Dans une logique d'exception à son dessaisissement, le principe est alors que le juge qui a statué est le plus à même de compléter son office, ainsi, la plupart des recours que nous envisageons sont formés devant lui, par la voie de la purge ou de la rétractation.

---

348 Voir *supra*, n° 13.
349 Voir *supra*, n° 75.

Ceci confirme qu'il ne s'agit pas ici de sanctionner l'application du fait et du droit par la juridiction, situation dans laquelle le principe serait la réformation, attendu qu'il n'appartient pas à une juridiction de sanctionner sa propre interprétation erronée des faits ou du droit d'une affaire. En revanche, il revient au juge défaillant dans l'exercice de son pouvoir de corriger sa propre erreur, s'agissant d'une correction et non d'une sanction[350]. Il est évidemment des situations dans lesquelles cette correction devra se faire par voie de réformation, soit pour garantir le respect de la hiérarchie des juridictions, comme en matière de tierce-opposition incidente, soit parce que le défaut de pouvoir prend la forme d'une faute d'application du droit ou d'un excès de pouvoir, suffisamment graves pour justifier que la décision soit réexaminée par une autre juridiction.

D'autres attributs caractérisent la décision correctrice de défaut de pouvoir. Celle-ci apparaît, dans le cadre des recours textuellement prévus par le Code de procédure civile, comme une incorporation[351] à la décision qu'elle corrige, caractérisée par une identité de régime. Nous préférons employer le terme d'accessoire, afin de lever tout ambiguïté quant aux décisions correctrices rendues sur la voie de réformation, ils ne nous paraît en effet pas envisageable que le jugement rendu sur tierce-opposition par voie de réformation n'obéisse pas au même régime que celui rendu sur tierce-opposition par voie de rétractation. Ainsi, une fois la correction effectuée, la décision correctrice est critiquable par l'exercice d'une voie de recours dans les mêmes conditions que l'est la décision irrégulière corrigée, sans qu'une possibilité de recours ne puisse être ajoutée ou retranchée. Tel est le cas en matière de requêtes en rectification d'erreurs matérielles[352], de requêtes en complément ou en retranchement[353], de jugement rendu sur

---

[350] Le juge s'entendant comme la juridiction : il est possible qu'en dépit du principe de rétractation, l'exigence d'impartialité exige qu'elle soit composée différemment, tel est en effet le cas en matière de révision. Voir *supra*, n° 18.

[351] Emploi du terme au sujet d'une décision rectificative : Eudier F. et Gerbay N., *Jugement*, préc., n° 476.

[352] Cass. soc., 4 mars 2008, n° 06-45.221, Bull. civ. V, n° 44.

[353] Cass. civ. 2, 28 juin 2001, n° 99-14.488, inédit.

tierce-opposition[354] ainsi que du recours en révision[355]. La Cour européenne des droits de l'Homme a en outre tiré la bonne conséquence du caractère accessoire de la décision de révision par rapport à la décision initiale en décidant que l'exercice du recours en révision ne doit pas être pris en compte dans l'appréciation du délai raisonnable d'une procédure[356]. Cette solution prend acte du fait qu'un tel recours ne participe pas à une poursuite de la contestation, et nous semble devoir être étendue à tous les recours correcteurs d'irrégularités ou, pour le moins, à ceux expressément prévus par le Code de procédure civile.

Les attributs communs des décisions rendues au terme de voies de critique d'une décision dite définitive apparaissent parfois limités par un encadrement textuel désuet de ces techniques, dans la mesure où ils ne peuvent s'appliquer qu'aux recours prévus expressément par le Code de procédure civile. Puisqu'il est acquis que les techniques étudiées participent à une fonction juridictionnelle unique, s'impose alors une réflexion autour d'une réintégration de chacune d'entre elles au Code, doublée d'une réorganisation de celui-ci visant à mettre en exergue l'unité de la critique d'une décision irrégulière, même devenue définitive.

B. L'unité de l'office du juge en droit prospectif

81 - Possibilité d'un régime commun – Orientations. Le régime général de la critique d'une décision dite définitive est tangible dans l'ordre juridique en vigueur, quoi qu'il soit limité et incomplet. Il nous apparaît cependant que, sans remettre en cause la diversité de fondements et de fonctions qui caractérise les techniques de critique étudiées, rien n'empêcherait le législateur de clarifier, ordonner et actualiser les modalités d'exercice des différentes techniques faisant l'objet de cet ouvrage, en centralisant les dispositions les régissant dans un régime commun. Puisque nous affirmons que la fonction juridictionnelle est identique dès lors qu'il y a critique d'une décision

---

[354] Cass. com., 17 nov. 2009, n° 08-18.588, et n° 08-18.589, inédits.

[355] Colson R., *Recours en révision*, préc., n° 121 et n° 122, au sujet du recours en révision-voie de rétractation. Nous pensons néanmoins que la solution doit être étendue à toute forme de révision.

[356] CEDH, *Jussy c. France*, 8 avr. 2003, n° 42277/98.

assortie de l'espérance légitime d'immuabilité, comment ne pas en tirer pour conséquence que cette fonction devrait être consacrée par les textes et tendre à s'exercer dans des conditions comparables ? Il convient ici de ne pas pécher par excès d'optimisme, car il semble manifeste que la question de la pérennité des décisions passées en force de chose jugée en procédure civile ne constitue pas la priorité du législateur contemporain, et il n'y a guère lieu de l'en blâmer, puisque nous abordons ici une matière technique et précise, cantonnée à des situations marginales, dont le contentieux ne justifie nulle réforme urgente. Il nous semble cependant que la science juridique, comme toute science, serait vide de sens si elle n'était pas amenée à chercher perpétuellement le chemin du perfectionnement, c'est pourquoi nous avons à cœur de clore cet ouvrage en proposant quelques chemins de réflexion au sujet de l'amélioration envisageable de la critique d'une décision dite définitive. Ce travail nous apparaît d'autant plus important que nous sommes à l'heure où l'organisation de la procédure civile retrouve les grâces de la représentation nationale, ce que nous avons pu constater avec l'entrée en vigueur de la loi dite de modernisation de la justice du XXIe siècle[357]. L'exercice est en réalité crucial, étant donné qu'une telle réflexion nous impose également de prendre parti sur la définition des paradigmes sur lesquels il serait envisageable de fonder le régime général que nous appelons de nos vœux. Profiter du mouvement réformiste actuel pour redéfinir les différents degrés de vigueur de la présomption de validité et de régularité du jugement dite chose jugée[358], ou encore pour adopter une typologie différente des voies de recours telle que celle proposée par le doyen Jacques Héron[359], nous apparaît souhaitable.

Avant d'envisager des modifications au régime juridique de la critique d'une décision dite définitive, nous nous devons de réfléchir aux conséquences souhaitées à ces propositions, qui ne peuvent avoir d'intérêt que si elles sont caractérisées par une véritable cohérence. Ainsi, outre l'intérêt évident que nous voyons à rationaliser un régime éclaté pour favoriser la compréhension du justiciable, en conformité avec les enseignements tirés de l'arrêt *Bellet c. France*[360], nous

---

[357] Loi n° 2016-1547 du 18 nov. 2016 de modernisation de la justice du XXIe siècle.
[358] Voir *supra*, n° 49 et s.
[359] Voir *supra*, n° 14.
[360] CEDH, *Bellet c. France*, 4 déc. 1995, préc.

établissons trois orientations majeures à donner à un droit unifié de la critique d'une décision dite définitive. Premièrement, il nous semble essentiel, au préalable de toute intervention, d'écarter d'une part les dispositions dont la conformité aux engagements internationaux de la France est contestable et qui auraient subsisté dans notre ordre juridique, et d'autre part d'intégrer à la loi les techniques de critique créées par le législateur afin de redonner au Code de procédure civile un semblant d'exhaustivité en la matière. Deuxièmement, nous tâcherons d'éliminer toute différence évitable entre les régimes procéduraux des différents recours abordés. Troisièmement, nous pensons souhaitable de favoriser l'émergence d'une véritable irrévocabilité des jugements à l'échéance d'un certain terme. Telles sont les priorités influençant les dispositions envisageables que nous allons vous exposer.

82 - Organisation textuelle – Principe d'irrévocabilité. Toute tentative de clarification du domaine du recours contre une décision dite définitive impose de procéder à plusieurs opérations relatives à l'organisation textuelle. Il s'agira tout d'abord d'intégrer des régimes prétoriens ou jusqu'alors relégués dans d'autres sources textuelles au Code de procédure civile, cependant, cette simple codification ne doit pas occulter la nécessité de mener un travail plus important encore de redéfinition des catégories établies par le Code actuel. Il nous semblerait idéal pour que la forme du texte véhicule une pensée construite que le Code de procédure civile contienne en lieu et place du titre XVI actuel consacré aux voies de recours, un titre plus général dédié à la chose jugée, qui serait divisé entre un premier chapitre explicitant les définitions des différentes étapes de la chose jugée, et un second chapitre traitant des atténuations à la chose jugée, les voies de recours. Au sein de ce chapitre seraient envisagées toutes les techniques de critique d'un jugement, mettant fin à une différenciation quelque peu artificielle entre celles qui sont explicitement qualifiées de voies de recours et celles qui ne le sont pas[361]. Une refonte si radicale du Code de procédure civile nous semble néanmoins peu envisageable, d'autant qu'elle ne découle pas d'une nécessité impérieuse de la pratique. Nous nous fonderons donc davantage sur la structure existante, en considérant une définition de l'autorité de la chose jugée et également une définition de la force de chose jugée toutes deux maintenues à leur

---

[361] Voir *supra*, n° 17.

emplacement actuel, à savoir respectivement les articles 480 et suivants ainsi que l'article 500 du Code de procédure civile. En revanche, nous maintenons la proposition de concentration des techniques de critique dans le titre XVI consacré aux voies de recours, ce qui impliquera l'abrogation des actuels articles 462, 463 et 464 du Code de procédure civile ainsi que des articles 17 et 18 de la loi du 3 juillet 1967[362].

Nous proposons avant tout une intervention sur les définitions relatives aux différentes vigueurs du principe de chose jugée. Il n'est pas utile de modifier les définitions en vigueur de l'autorité et de la force de chose jugée, en revanche, il nous apparaît nécessaire de donner une existence légale à la notion d'irrévocabilité, afin de lever les ambiguïtés au sujet de la notion de jugement définitif[363]. Considérons l'irrévocabilité dans une gradation relative à la force de chose jugée, puisqu'à la différence de l'autorité de la chose jugée, ces deux dernières notions partagent comme caractéristique commune de n'avoir pour seule fonction que de faire obstacle à la poursuite de la contestation[364]. L'article 500 du Code de procédure civile dispose dans son premier alinéa que « a force de chose jugée le jugement qui n'est susceptible d'aucun recours suspensif d'exécution » et dans son second alinéa que « le jugement susceptible d'un tel recours acquiert la même force à l'expiration du délai du recours si ce dernier n'a pas été exercé dans le délai ». Cette définition n'est pas modifiable, puisqu'elle constitue la substance même de la force de chose jugée telle qu'admise par les acteurs juridiques, et puisqu'elle apparaît tout à fait satisfaisante à condition veiller à la bonne mise en évidence du caractère suspensif ou non des voies de recours lors de leur réorganisation. Il nous semble alors opportun de la faire suivre par un article 500-1 libellé comme tel :

> *« Est irrévocable le jugement passé en force de chose jugée qui n'est susceptible d'aucune voie de recours normale.*
> *L'irrévocabilité ne peut être levée que pour cause d'irrégularité prévue par la loi.*
> *Nulle cause de relevé d'irrévocabilité ne peut être invoquée contre un jugement qui n'est plus susceptible d'exécution »*

---

[362] Loi n° 67-523 du 3 juil. 1967.
[363] Voir *supra*, n° 8 et s.
[364] Voir *supra*, n° 50.

Une telle énonciation nous paraît de nature à résoudre plusieurs difficultés. Elle pose tout d'abord le principe de l'irrévocabilité, incluant le terme dans l'ordre textuel, et ce dans l'objectif de conduire à sa substitution à l'emploi confus du terme de jugement définitif par la pratique. En se fondant sur la distinction entre voies de recours normales et voies de recours particulières qui sera reprise dans le titre consacré aux voies de recours, l'introduction de l'irrévocabilité en exclut les décisions susceptibles d'une hypothèse traditionnelle de pourvoi en cassation, étant entendu que de telles décisions ne sont pas assorties de l'espérance légitime d'immuabilité consubstantielle à l'irrévocabilité [365] . Ensuite, cette définition consacre à la fois l'irrévocabilité dans sa conception dite relative et dans sa conception dite absolue. L'irrévocabilité survient de manière relative dès l'expiration des voies de recours normales doublée de l'expiration des voies de recours suspensives d'exécution, et elle deviendra absolue de manière certaine à l'expiration du délai de l'exécution. Nous prenons ici le parti d'instituer une norme pragmatique qui donne enfin corps à l'irrévocabilité, en disposant que, peu importe le délai et la nature du délai d'exercice d'une voie de recours de nature à lever l'irrévocabilité, celle-ci ne peut être exercée au-delà du délai de l'exécution. Enfin, une telle définition présente l'intérêt théorique indéniable de permettre l'avènement d'une catégorie adaptée qui regrouperait sous l'empire des textes que nous suggérons, l'ensemble des voies de recours faisant l'objet de cette étude, étude qui aurait alors sans ambiguïté s'intituler « la critique des décisions irrévocables ». Désormais regroupées dans une catégorie des voies de recours particulières de nature à relever l'irrévocabilité, les techniques de critique étudiées peuvent être développées en cohérence.

83 - Titre XVI du Code de procédure civile (excès de pouvoir). Il est à présent utile de prolonger la réflexion sur le titre XVI du Code de procédure civile consacré aux voies de recours. Il apparaît qu'une réforme de l'envergure de celle que nous envisageons serait propice à l'introduction d'une nouvelle classification des voies de recours fondée sur la distinction entre voies de recours normales et voies de recours particulières. C'est ainsi que le titre XVI refondé serait divisé en deux chapitres, le premier envisageant les voies de recours normales et le

---

[365] Voir *supra*, n° 10.

second les voies de recours particulières. Sans nous appesantir sur les voies de recours normales, qui ne constituent pas l'objet du présent ouvrage, il convient de préciser que c'est dans la section qui leur est consacrée, et plus précisément au sein des dispositions relatives au pourvoi en cassation, qu'il convient de codifier l'article 18 de la loi du 3 juillet 1967 prévoyant le pourvoi du procureur général près la Cour de cassation pour excès de pouvoir. En effet, nous pensons que celui-ci ne peut être conservé qu'à condition d'être enfermé dans les délais de droit commun du pourvoi en cassation, ce qui reviendrait *ipso facto* à exclure cette voie de recours de la catégorie des recours de nature à permettre un relevé d'irrévocabilité. L'alinéa premier de l'article 18 conservé et intégré au Code pourrait être rédigé comme suit pour se conformer aux exigences de la jurisprudence européenne des droits de l'Homme[366] :

« *Le garde des sceaux, ministre de la justice, peut, en matière civile, prescrire au procureur général de déférer, dans le respect du délai de déclaration de pourvoi applicable en la matière du jugement rendu, à la chambre compétente de la Cour de cassation les actes par lesquels les juges excèdent leurs pouvoirs.* »

C'est davantage du second des chapitres dont nous suggérons de doter le livre XVI du Code de procédure civile, consacré aux voies de recours particulières, que va faire objet la présente étude. Nous nous intéresserons particulièrement sa seconde section qui, à la suite d'une première consacrée à l'opposition dont le régime pourra demeurer inchangé, envisagera les voies tendant au relevé d'irrévocabilité. La section pourrait être introduite par un premier article répondant à l'article 500-1 précédemment envisagé, et posant de manière indiscutable le principe d'effet non-suspensif des voies de recours étudiées :

« *Il appartient à toute juridiction de réparer l'irrégularité d'un jugement dont elle a à connaître, dans les conditions prévues par la présente section.*

[366] Voir *supra*, n° 45.

L'exercice des voies de recours prévues à la présente section n'est pas suspensif d'exécution. »

Il nous apparaît ensuite opportun de scinder la section dédiée aux voies de recours tendant au relevé d'irrévocabilité en deux sous-sections. Une première, très brève, serait consacrée au cas particulier de l'excès de pouvoir, en consacrant l'existence des recours-nullité autonomes ou restaurés. Le troisième alinéa de l'article tel que nous le rédigeons permet une articulation entre le régime de l'éventuelle voie de recours normale restaurée et les dispositions spécifiques aux voies de natures à relever l'irrévocabilité que sont ces recours-nullité, nous visons ici notamment l'absence d'effet suspensif d'exécution :

« *Tout acte par lequel les juges excèdent leur pouvoir est irrégulier.*
Nulle fermeture légale des voies de recours normales ou particulières n'est opposable au moyen visant à faire constater l'excès de pouvoir, à condition que celui-ci soit exercé dans le respect des délais de forclusion applicables en la matière du recours ou, à défaut, du délai de forclusion de droit commun du recours restauré.
L'instance sur restauration d'une voie de recours normale se déroule dans les formes prévues pour l'exercice de cette voie de recours et obéit au même régime, sous réserve des dispositions prévues dans la présente section. »

Nous espérons également qu'un tel article ouvre la voie à une mention de la possibilité d'exercice d'un tel recours en marge des jugements, mettant ainsi fin à une jurisprudence en vigueur quelque peu contestable au regard des droits fondamentaux[367]. Il est en effet pour le moins surprenant de constater que la possibilité de former une critique contre une décision pour cause d'excès de pouvoir soit moins accessible et transparente pour le justiciable que les techniques de recours contre un jugement affecté par une forme moins grave de défaut dans l'exercice du pouvoir juridictionnel.

84 - Titre XVI du Code de procédure civile (autres causes de critique). Une seconde sous-section devra enfin être consacrée aux

[367] Voir *supra*, n° 60.

voies tendant à la correction d'une irrégularité qui n'est pas un excès de pouvoir. C'est en cohérence que s'y trouveraient les régimes des requêtes en rectification d'erreurs matérielles, requêtes en complément et en retranchement, recours en révision, tierce-opposition et pourvoi du procureur général près la Cour de cassation dans l'intérêt de la loi. Un perfectionnement d'importance consisterait à l'adjonction à l'ordre textuel du mécanisme du rabat d'arrêt, qui pourrait être envisagé de manière plus large qu'une simple technique de critique des seuls arrêts rendus par la Cour de cassation. Il semble en effet que la nature des erreurs justifiant le rabat d'une décision impose que cette possibilité puisse être employée en tant que de besoin, lorsqu'aucune voie de recours normale n'est ouverte à la partie pour faire valoir ce moyen.

L'article prévoyant la technique du rabat pourrait être ainsi institué :

> « *La requête en rabat tend à faire rétracter par une juridiction la décision qu'elle a rendu sur la foi d'une erreur imputable à ses services, si cette erreur n'est pas réparable par l'exercice de voies de recours normales.* »

Il nous reste à envisager les régimes des recours regroupés dans cette sous-section. Dans la mesure où leur efficacité est démontrée, seules des modifications mineures seront proposées. Dans cet esprit, le délai d'exercice de trente ans de la tierce-opposition principale devra être supprimé, car celui-ci contrevient à la règle générale, que nous appelons de nos vœux, de forclusion de toute voie tendant à lever l'irrévocabilité au terme de la période d'exécution du jugement. Les autres délais actuellement en vigueur peuvent être maintenus, en ce qu'ils raccourcissent le délai de droit commun, ou, tout au moins, ne s'y opposent pas tant qu'ils sont lus conjointement à ce dernier, à l'instar du délai à point de départ subjectif du recours en révision. Par ailleurs, le texte pourrait bénéficier de l'évolution de la jurisprudence. Le législateur serait amené à régler trois difficultés. Premièrement, préciser la nature débattue de l'acte introductif d'instance de révision [368] . Deuxièmement, discuter la pertinence des règles de représentation en matière de requête en rectification des erreurs

---

[368] Voir *supra*, n° 74.

matérielles[369]. Troisièmement, faire montre de prévoyance en codifiant les règles d'incompatibilité entre l'exercice des différents recours[370].

[369] Voir *supra*, n° 73.
[370] Voir *supra*, n° 62 et s.

CONCLUSION

Nous avons à cœur, par ces différentes suggestions, non d'amender substantiellement le droit de fond qui, exercé dans les règles de l'art, est actuellement satisfaisant, mais plutôt de garantir l'intelligibilité pour le justiciable des techniques de critique d'un jugement, dont l'accès reste quelque peu byzantin. La critique d'une décision dite définitive remet en cause la pérennité d'une décision pourtant revêtue du plus haut degré de garantie de la chose jugée[371]. Cette atteinte est fondée dans la correction d'une irrégularité, à savoir d'un défaut de la fonction juridictionnelle rendant intolérable la survie de la décision affectée[372]. La gravité de la cause de recours devrait permettre au justiciable un accès facilité à l'exercice de sa critique, ce qui fait manifestement défaut dans l'état confus du droit positif. L'ordre juridique civil français gagnerait de surcroît à affirmer avec force le principe, ainsi que les modalités, de la critique d'une décision irrégulière comme catégorie *sui generis*. Une telle modification du corpus légal impliquerait une redéfinition structurelle de l'ensemble des voies de recours, et nulle théorie générale à l'appui de celle-ci ne pourra être établie sans procéder à une analyse de la critique d'une décision par le prisme de sa fin, et non de ses seuls moyens.

---

[371] Voir *supra*, n° 50.
[372] Voir *supra*, n° 79.

BIBLIOGRAPHIE

OUVRAGES GÉNÉRAUX ET SPÉCIAUX

BOUTY C., *L'irrévocabilité de la chose jugée en droit privé*, thèse Aix-Marseille, 2008

CADIET L., NORMAND J., AMRANI-MEKKI S., *Théorie générale du procès*, PUF, coll. Thémis, 1ère éd., 2010

CORNU G., *Vocabulaire juridique*, Association Henri Capitant, PUF, 11e éd., 2016

GUINCHARD S., *Droit et pratique de la procédure civile*, Dalloz Action, 9e éd., 2016

GUINCHARD S., CHAINAIS C., FERRAND F., *Procédure civile*, Précis Dalloz, 32e éd., 2014

HÉRON J. et LE BARS Th., *Droit judiciaire privé*, Montchrestien, 4e éd., 2010

JULIEN P. et FRICERO N., *Droit judiciaire privé*, manuel, LGDJ, 4e éd., 2011

RENUCCI J.-F., *Droit européen des droits de l'Homme*, manuel, LGDJ, 6e éd., 2015

STRICKLER Y., *Procédure civile*, Larcier, 6e éd., 2015

Renvois sur des thèmes connexes :

LACAZE M., *Réflexions sur le concept de bien juridique protégé par le droit pénal*, thèse Montpellier, 2011

STRICKLER Y., *Le juge des référés, juge du provisoire*, thèse Strasbourg, 1993

CHRONIQUES, CONTRIBUTIONS ET ARTICLES

BORGA N., *La tierce-opposition au secours de la caution*, BJE 1er juil. 2015, p. 238

BOUTY C., *Chose jugée*, Rép. proc. civile Dalloz, juin 2012, actu. avr. 2016

BLÉRY C., « Qu'est-ce qui fait courir le recours en révision ? », Gaz. Pal. 9 sept. 2006, p. 77

CAYROL N., *Action en justice*, Rép. proc. civile Dalloz, mars 2013, actu. janvier 2016

COLSON R., *Recours en révision*, Rép. proc. civile Dalloz, sept. 2012, actu. avr. 2016

DONDERO B., « La tierce-opposition du dirigeant démissionnaire », Gaz. Pal. 28 juil. 2015 p. 21

EUDIER F. et GERBAY N., *Jugement*, Rép. proc. civile Dalloz, juin 2014, actu. juin 2016

FRICERO N., *Tierce-opposition*, Rép. proc. civile Dalloz, juin. 2012, actu. avr. 2016

FOULON M. et STRICKLER Y., « Du jugement définitif », Gaz. Pal. 23 déc. 2014, n° 357

FRICERO N., « L'excès de pouvoir en procédure civile », RGDP 1998, n° 27, p. 35

FRICERO N., « Tierce-opposition et procédures collectives », PA 28 nov. 2008, p. 26

FRISON-ROCHE M.-A., « L'erreur du juge », RTD civ. 2001, p. 819

JULIEN P., « La juridiction administrative ne peut statuer sur la légalité des décisions prises par le procureur général près la Cour de cassation et relatives à l'exercice du pourvoi dans l'intérêt de la loi », D. 1992, p. 122.

KARILA DE VAN J. et GERBAY N., *Chose jugée*, Rép. civ. Dalloz, avr. 2008, actu. févr. 2017

LAUVERGNAT L., « Recours en révision : exclusion des décisions de référé », Gaz. Pal. 10 déc. 2013, n° 344

LÉNA M., *Jugement*, Rép. proc. pénale Dalloz, oct. 2008, actu. oct. 2013, n° 183

MOTULSKY H., « Le droit naturel dans la pratique jurisprudentielle : le respect des droits de la défense », *in Mélanges en l'honneur de Paul Roubier*, 1961, Dalloz-Sirey, tome 2, p. 187

DÉCISIONS ET ARRÊTS

Juridictions européennes

- Cour européenne des droits de l'Homme

CEDH, *Bellet c. France*, 4 déc. 1995, 23805/94
CEDH, *Hornsby c. Grèce,* 19 mars 1997, n° 18357/91
CEDH, *Brumarescu c. Roumanie*, 28 oct. 1999, n° 28342/95
CEDH, *Jussy c. France*, 8 avr. 2003, n° 42277/98
CEDH, *Riabykh c. Russie*, 24 juil. 2003, n° 52854/99
CEDH, *Millon c. France*, 30 août 2007, n° 6051/06
CEDH, *Isik c. Turquie*, 16 juin 2009, n° 35224/05
CEDH, *Archintchikova c. Russie*, 14 sept. 2011, n° 73043/01
CEDH, *Salkazanov et autres c. Russie*, 19 févr. 2013, n° 65795/09

- Cour de justice de l'Union-Européenne

CJCE, *Dürbeck*, 5 mai 1981, n° 112/80
CJCE, *Köbler*, 30 sept. 2003, n° 224/01

Conseil constitutionnel et Conseil d'État

Cons. const., 2 juin 2014, n° 2014-398 QPC
CE, 11 juil. 1991, n° 111119, inédit au recueil Lebon

Cour de cassation

- Assemblée plénière et Chambre mixte

Cass. ass. plén., 1er avr. 1994, n° 91-20.250, Bull. ass. plén., n° 3
Cass. ass. plén., 30 juin 1995, n° 94-20.302, Bull. ass. plén., n° 4
Cass. ch. mixte, 28 janv. 2005, n° 02-19.153, Bull. ch. mixte, n° 1

- Première chambre civile

Cass. civ. 1, 16 janv. 1967, n° 64-11.566, Bull. civ. I, n° 22
Cass. civ. 1, 18 janv. 1989, n° 87-16.880 et n° 87-17.735, Bull. civ. I, n° 23
Cass. civ. 1, 16 nov. 2004, n° 02-12.268, Bull. civ. I, n° 265
Cass. civ. 1, 4 oct. 2005, n° 04-20.044, inédit
Cass. civ. 1, 5 nov. 2008, n° 07-14.439, Bull. civ. I, n° 247

- Deuxième chambre civile

Cass. civ. 2, 26 nov. 1965, n° 62 - 11.954, Bull. civ. II, n° 954
Cass. civ. 2, 8 juin 1974, n° 73-10.978, Bull. civ. II, n° 193
Cass. civ. 2, 21 juil. 1980, n° 78-16.197, Bull. civ. II, n° 190
Cass. civ. 2, 8 oct. 1980, n° 79-14.892, Bull. civ. II, n° 202
Cass. civ. 2, 17 mars 1983, n° 82-10.120, Bull. civ. II, n° 83
Cass. civ. 2, 8 nov. 1983, n° 82-13.264, Bull. civ. II, n° 171
Cass. civ. 2, 3 juil. 1985, n° 84-10.592, Bull. civ. II, n° 135
Cass. civ. 2, 8 oct. 1986, n° 85-10.225, Bull. civ. II, n° 149
Cass. civ. 2, 3 févr. 1988, n° 86-13.680, Bull. civ. II, n° 34
Cass. civ. 2, 3 mars 1988, n° 86-16.151, Bull. civ. II, n° 53
Cass. civ. 2, 7 juin 1989, n° 88-11.141, Bull. civ. II, n° 125
Cass. civ. 2, 4 janv. 1990, n° 89-16.935, Bull. civ. II, n° 2
Cass. civ. 2, 6 févr. 1991, n° 89-21.659, Bull. civ. II, n° 46
Cass. civ. 2, 23 oct. 1991, n° 90-10.015, inédit
Cass. civ. 2, 27 nov. 1991, n° 90-15.678, Bull. civ. II, n° 322
Cass. civ. 2, 29 janv. 1992, n° 90-17.243, Bull. civ. II, n° 40
Cass. civ. 2, 16 juin 1993, n° 91-14.156, Bull. civ. II, n° 215
Cass. civ. 2, 27 nov. 1996, n° 94-18.303, inédit
Cass. civ. 2, 3 juin 1999, n° 97-18.754, Bull. civ. II, n° 106
Cass. civ. 2, 28 juin 2001, n° 99-14.488, inédit
Cass. civ. 2, 12 juil. 2001, n° 99-21.822, Bull. civ. II, n° 142
Cass. civ. 2, 3 oct. 2002, n° 01-00.800, Bull. civ. II, n° 202
Cass. civ. 2, 12 févr. 2004, n° 02-11.913, Bull. civ. II, n° 64
Cass. civ. 2, 24 juin 2004, n° 02-10.200, Bull. civ. II, n° 314
Cass. civ. 2, 8 juil. 2004, n° 02-12.789, Bull. civ. II, n° 401
Cass. civ. 2, 9 févr. 2006, n° 02-30.504, inédit
Cass. civ. 2, 19 oct. 2006, n° 05-17.980, inédit
Cass. civ. 2, 14 déc. 2006, n° 05-19.939, Bull. civ. II, n° 354
Cass. civ. 2, 22 févr. 2007, n° 05-18.829, Bull. civ. II, n° 43

Cass. civ. 2, 4 juil. 2007, n° 06-14.610, Bull. civ. II, n° 181
Cass. civ. 2, 5 févr. 2009, n° 08-10.717, Bull. civ. II, n° 39
Cass. civ. 2, 9 juil. 2009, n° 08-16.513, inédit
Cass. civ. 2, 9 juil. 2009, n° 08-18.852, inédit
Cass. civ. 2, 23 sept. 2010, n° 09-16.135, inédit
Cass. civ. 2, 26 mai 2011, n° 10-19.738, inédit

- Troisième chambre civile

Cass. civ. 3, 4 déc. 1984, n° 82-11.970, Bull. civ. III, n° 205
Cass. civ. 3, 3 févr. 1988, n° 87-12.351, Bull. civ. III, n° 29
Cass. civ. 3, 12 juin 1991, n° 90-15.411, Bull. civ. III, n° 176
Cass. civ. 3, 17 févr. 1993, n° 90-18.098, Bull. civ. III, n° 20
Cass. civ. 3, 3 mars 2004, n° 02-15.091, Bull. civ. III, n° 49
Cass. civ. 3, 11 juil. 2013, n° 12-22.630, Bull. civ. III, n° 89

- Chambre commerciale

Cass. com., 27 juin 1977, n° 76-11.160, Bull. civ. IV, n° 182
Cass. com., 17 déc. 1980, n° 78-15.993, Bull. civ. IV, n° 430
Cass. com., 29 nov. 1982, n° 80-41.157, Bull. civ. IV, n° 380
Cass. com., 20 févr. 1985, n° 83-14.354, Bull. civ. IV, n° 76
Cass. com., 28 avr. 1987, n° 85-15.674, Bull. civ. IV, n° 94
Cass. com., 12 janv. 1993, n° 91-15.172, Bull. civ. IV, n° 2
Cass. com., 15 nov. 1994, n° 93-10.020, inédit
Cass. com., 6 juin 1995, n° 92-18.141, inédit
Cass. com., 2 avr. 1996, n° 92-20.728, Bull. civ. IV, n° 107
Cass. com., 8 févr. 2000, n° 86-18.539, inédit
Cass. com., 17 juil. 2001, n° 98-15.963, inédit
Cass. com., 13 mai 2003, n° 00-12.481, inédit
Cass. com., 13 juin 2006, n° 05-12.748, inédit
Cass. com., 13 févr. 2007, n° 00-12.152, inédit
Cass. com., 30 juin 2009, n° 08-11.902, Bull. civ. IV, n° 88
Cass. com., 17 nov. 2009, n° 08-18.588, et n° 08-18.589, inédits
Cass. com., 5 mai 2015, n° 14-16.644, publié au bulletin
Cass. com., 12 mai 2015, *Eurotunnel*, n° 14-12.483, publié au bulletin

- Chambre sociale

Cass. soc., 26 mai 1965, n° 62-12.043, Bull civ. IV n° 404
Cass. soc., 4 mars 2008, n° 06-45.221, Bull. civ. V, n° 44

Juridictions du fond

TI Marvejols, 23 Août 1962, RTD civ. 1963. 165, obs. Raynaud

INDEX

(les numéros renvoient au numéro des paragraphes)

TABLE DES MATIÈRES

L'HARMATTAN ITALIA
Via Degli Artisti 15; 10124 Torino
harmattan.italia@gmail.com

L'HARMATTAN HONGRIE
Könyvesbolt ; Kossuth L. u. 14-16
1053 Budapest

L'HARMATTAN KINSHASA
185, avenue Nyangwe
Commune de Lingwala
Kinshasa, R.D. Congo
(00243) 998697603 ou (00243) 999229662

L'HARMATTAN CONGO
67, av. E. P. Lumumba
Bât. – Congo Pharmacie (Bib. Nat.)
BP2874 Brazzaville
harmattan.congo@yahoo.fr

L'HARMATTAN GUINÉE
Almamya Rue KA 028, en face
du restaurant Le Cèdre
OKB agency BP 3470 Conakry
(00224) 657 20 85 08 / 664 28 91 96
harmattanguinee@yahoo.fr

L'HARMATTAN MALI
Rue 73, Porte 536, Niamakoro,
Cité Unicef, Bamako
Tél. 00 (223) 20205724 / +(223) 76378082
poudiougopaul@yahoo.fr
pp.harmattan@gmail.com

L'HARMATTAN CAMEROUN
TSINGA/FECAFOOT
BP 11486 Yaoundé
699198028/675441949
harmattancam@yahoo.com

L'HARMATTAN CÔTE D'IVOIRE
Résidence Karl / cité des arts
Abidjan-Cocody 03 BP 1588 Abidjan 03
(00225) 05 77 87 31
etien_nda@yahoo.fr

L'HARMATTAN BURKINA
Penou Achille Some
Ouagadougou
(+226) 70 26 88 27

L'HARMATTAN SÉNÉGAL
10 VDN en face Mermoz, après le pont de Fann
BP 45034 Dakar Fann
33 825 98 58 / 33 860 9858
senharmattan@gmail.com / senlibraire@gmail.com
www.harmattansenegal.com

www.ingramcontent.com/pod-product-compliance
Lightning Source LLC
LaVergne TN
LVHW021224061026
849535LV00008B/2905
* 9 7 8 2 3 4 3 1 4 3 3 5 4 *